职业院校汽车类
"十三五"规划教材

栾琪文 / 主编
于红霞 林忠玲 / 副主编

汽车维修
企业管理

第2版

人民邮电出版社
北 京

图书在版编目（CIP）数据

汽车维修企业管理 / 栾琪文主编. -- 2版. -- 北京：
人民邮电出版社，2021.2（2022.11重印）
职业院校汽车类"十三五"规划教材
ISBN 978-7-115-54134-5

Ⅰ．①汽… Ⅱ．①栾… Ⅲ．①汽车－修理厂－工业企
业管理－高等职业教育－教材 Ⅳ．①F407.471.6

中国版本图书馆CIP数据核字(2020)第091520号

内 容 提 要

本书共包含 10 个项目，主要内容包括汽车维修企业的战略管理、服务流程管理、客户关系的经营管理、客户投诉管理、6S 管理、汽车维修质量管理、人力资源管理、配件管理、财务管理及汽车维修行业管理规定。书中有针对性地选择了部分案例，以培养读者运用专业知识解决实际问题的能力。

本书可作为职业院校汽车检测与维修技术专业、汽车营销与服务专业、汽车电子技术专业等汽车工程类专业的教学用书，也可作为汽车维修企业的管理人员自学、培训的参考资料。

♦ 主　　编　栾琪文
　　副 主 编　于红霞　林忠玲
　　责任编辑　王丽美
　　责任印制　彭志环
♦ 人民邮电出版社出版发行　　北京市丰台区成寿寺路 11 号
　　邮编　100164　　电子邮件　315@ptpress.com.cn
　　网址　https://www.ptpress.com.cn
　　北京七彩京通数码快印有限公司印刷
♦ 开本：787×1092　1/16
　　印张：11.5　　　　　　　　2021 年 2 月第 2 版
　　字数：280 千字　　　　　　2022 年 11 月北京第 2 次印刷

定价：39.80 元

读者服务热线：(010)81055256　印装质量热线：(010)81055316
反盗版热线：(010)81055315
广告经营许可证：京东市监广登字 20170147 号

　　《汽车维修企业管理》第1版自2013年出版以来，深受广大读者的欢迎和喜爱。近年来国家颁布了一些新的法律、法规和标准，原书的内容已经不适应其中的一些规定，在这种情况下，我们对第1版进行了修订。

　　近年来，中国汽车保有量大幅度增加，汽车维修业发展迅速，在市场经济发展中发挥着越来越重要的作用。目前从事汽车维修企业管理的人员越来越多，本书正是为职业院校汽车检测与维修专业、汽车营销与服务专业、汽车电子技术专业及其他相关专业培养社会急需的汽车维修企业管理人才而编写的。

　　本书特点如下所述。

　　（1）实用性强。本书以培养学生掌握汽车维修企业管理相关知识为核心，采用项目教学的方式组织内容，每个项目均有来源于企业的典型案例。本书包括10个独立的学习项目，每个项目由项目导入、项目要求、相关知识、思考与练习、知识拓展等组成。通过学习和实训，学生能够掌握汽车维修企业管理的知识，并能在以后的实际工作中直接运用。

　　（2）系统全面。本书系统地介绍了汽车维修企业的战略管理、服务流程管理、客户关系的经营管理、客户投诉管理、6S管理、汽车维修质量管理、人力资源管理、配件管理、财务管理及汽车维修行业管理规定等内容，贯穿了汽车维修企业管理的整个过程。

　　本书的参考学时为64个学时，建议采用"理论实践一体化"教学模式，各项目的参考学时见下表。

项　目	课程内容	学　时
项目一	汽车维修企业的战略管理	6
项目二	服务流程管理	8
项目三	客户关系的经营管理	8
项目四	客户投诉管理	8
项目五	6S管理	6
项目六	汽车维修质量管理	6
项目七	人力资源管理	6
项目八	配件管理	6
项目九	财务管理	4
项目十	汽车维修行业管理规定	6
总　计		64

　　本书由栾琪文任主编，于红霞和林忠玲任副主编，于子强、贺鸿、裴宝浩和曲敬渊参与编写。裴宝浩编写了项目一，贺鸿编写了项目七，林忠玲、曲敬渊编写了项目八，于红霞编写了项目九，于子强编写了项目十，其余项目由栾琪文编写。

　　本书由山东省职业教育技艺技能传承创新平台（汽车维修技术技能创新平台）提供支持。

　　由于编者水平和经验有限，书中难免有不足和疏漏之处，敬请广大读者批评指正。

编者

2020年5月

目 录

项目一
汽车维修企业的战略管理

（1）小张考上了职业学院汽车检测与维修专业，但这不是他的第一选择，他报考的第一志愿是金融专业，如今却被汽车检测与维修专业录取，这个专业是否有前途，这不仅是小张的困惑，也是小张很多同学的困惑。

我国汽车维修业的发展前景如何呢？

（2）小王在一家 4S 店做了 5 年汽车维修工，有 10 万元积蓄，他想开一家汽车维修厂，却需要面对一系列的问题：是利用仅有的 10 万元开一家小型汽车维修厂，还是筹集资金开一家大中型的汽车维修厂呢？是开轮胎店还是开汽车换油中心？除此之外，开的这家汽车维修厂应有什么特色，如何吸引客户……

小王应采取什么样的经营战略呢？

项目要求

➢ 了解汽车维修企业的现状及发展前景。
➢ 了解汽车维修企业的经营战略形式。
➢ 掌握适合汽车维修企业的 6 种经营战略模式。
➢ 掌握汽车维修企业的 CIS 战略。

课时：6 课时

相关知识

一、汽车维修企业的发展前景

近年来，全国机动车保持快速增长趋势，截至 2012 年 6 月，全国机动车总保有量为 2.33 亿辆，其中汽车 1.14 亿辆，汽车保有量超过 100 万辆的城市数量为 17 个。

而短短七年时间后的 2019 年 6 月，全国机动车保有量达 3.4 亿辆，其中汽车 2.5 亿辆，占机动车总量的 73.53%，其中私家车（以个人名义登记的小型载客汽车和微型载客汽车）保有量达 1.98 亿辆。

从城市分布情况看，截至 2019 年 6 月，全国汽车保有量超过 100 万辆的城市共有 66 个。

其中，汽车保有量超过 200 万辆的城市有 29 个，超过 300 万辆的城市有 11 个，依次是北京、成都、重庆、苏州、上海、郑州、深圳、西安、武汉、东莞、天津，北京、成都的汽车保有量超过 500 万辆。整体发展情况又有如下特点。

1. 载货汽车保有量创历史新高

截至 2019 年 6 月，全国载货汽车保有量达 2694 万辆，占全国汽车总量的 10.78%。2019 年上半年，新注册登记的载货汽车达 175 万辆，与上年同期相比，增加 3 万辆，再创历史新高。

2. 新能源汽车保有量快速增长

截至 2019 年 6 月，全国新能源汽车保有量达 344 万辆，占全国汽车总量的 1.37%，与上年年底相比，增加 83 万辆，增长 31.8%；与上年同期相比，增加 145 万辆，增长 72.86%。其中，纯电动汽车保有量 281 万辆，占新能源汽车总量的 81.69%。

3. 汽车二手车交易市场活跃

2019 年上半年，全国共办理汽车转移登记业务 1166 万笔，占机动车转移登记业务总数的 97.4%，与上年同期相比，增加 144 万笔，增长 14.09%，呈持续增长趋势。2019 年上半年，二手车和新车登记比例达 0.94∶1，较上年同期 0.74∶1 的比例明显提高，反映出二手车交易市场日益活跃。

4. 机动车驾驶人数量持续增长

随着机动车保有量持续增长，机动车驾驶人数量也呈现同步增长趋势，2019 年上半年全国新领证驾驶人数量达 1408 万人。截至 2019 年 6 月，全国机动车驾驶人数量达 4.22 亿人，与上年同期相比，增加 2576 万人。从驾驶人的年龄分布看，主要集中在 26~50 岁年龄段，其中 26~35 岁年龄段的有 1.44 亿人，占驾驶人总量的 34.12%；36~50 岁年龄段的有 1.64 亿人，占驾驶人总量的 38.86%；超过 60 岁的有 1221 万人，占驾驶人总量的 2.89%。

汽车维修业是伴随汽车工业发展起来的传统行业。随着汽车的逐步普及和交通运输业的发展，汽车保有量大幅度增加，汽车维修业将迅速发展，在市场经济发展中发挥着越来越重要的作用，与人民群众的生产、生活关系将更加密切。

发达国家汽车行业每投资 1 元钱，会给下游创造 2.63 元的市场价值和大量的就业机会。但在我国，汽车行业每投资 1 元钱，创造的下游市场价值还不到 1 元钱，还有很大的增长空间。下游市场包括汽车保养连锁店、零配件连锁店等。我国汽车维修业还有很多潜力可挖，市场前景广阔。

二、汽车维修企业的经营战略

（一）经营战略形式

美国哈佛大学波特教授的企业竞争理论揭示：在竞争格局下，可以通过实行成本领先战略、差异化战略、专一化战略三大战略确立企业优势。我国目前所处的社会是市场经济社会，依市场开拓方式划分的战略形式有市场渗透战略、市场开发战略、产品开发战略、多样化经营战略。

1. 市场渗透战略

市场渗透战略是指企业在利用现有市场的基础上，采取各种改进措施，逐渐扩大经营业务，以取得更大的市场份额。这种战略的核心是提高原有的市场占有率。其具体的实施方法主要有以下两种。

（1）通过扩大宣传等促销活动，增加产品的知名度，使客户对本企业有更多的了解。一方面，让老客户多享受企业的服务；另一方面，不断增加新的客户。

（2）通过降低生产成本，采取降价的办法吸引新客户，刺激老客户更多地消费。这种战略一般适用于市场需求较稳定、产品处于成长阶段或刚进入成熟阶段的企业。

2. 市场开发战略

市场开发战略是指企业利用原有产品来争取新的市场和消费者群体，以达到发展的目的。这一战略的目的是在保持现有产品生产及销售的前提下，另辟蹊径，为现有产品寻找新客户、新市场。其具体的实施方法主要有以下两种。

（1）寻找新市场。将原有的产品投放到更广阔的地区，如原来主要在城市销售，可以开辟农村市场。可采取的措施有在当地开辟新的销售网点和渠道，将企业产品由城市推向农村，由北方推向南方等。

（2）在当地寻找潜在客户。通过对客户群的研究分析，寻找可能成为本产品消费者的群体。

3. 产品开发战略

产品开发战略是以不断改进原有产品或开发新产品的方法扩大企业在原有市场上的销售量的战略。其主要方法有以下两种。

（1）改善原有产品。随着经济的发展，人们的需求层次不断提高，对产品的需求日益多样化，产品更新速度加快。企业只有不断改进产品，以新的外包装、质量和性能来满足人们的需要，才能巩固并发展市场。

例如，在竞争激烈的电视机市场，从黑白电视机、普通彩色电视机，到平面直角彩色电视机、数码彩色电视机，功能不断增加，技术不断提高，品种和规格不断增多。

（2）开发新产品。企业或通过自己的研制能力或引进外来技术开发新产品，然后，利用原有产品的销售网络和渠道及原有产品的品牌效应进入市场。

例如，海尔开始是以生产冰箱、空调、洗衣机树立自己的品牌的，后来，利用其品牌效应，又开发了电视机等。这一战略一般适用于具有一定的技术开发和创新能力，或原有产品已进入成熟期后期和衰退期，很难找到新的发展机会，开拓新的市场又有很多困难的企业。

4. 多样化经营战略

所谓多样化经营，是指企业同时提供两种以上的服务，以求达到最佳经济效益的一种经营战略。也就是说，采用多样化经营的企业涉及的业务领域是多元的，市场也是多元的，这就要求企业具有较强的经济实力，包括资金、人员等方面和管理能力。只有大规模的企业才有条件这样做，它在带来规模效益、分散经营风险的好处的同时，也蕴藏着巨大的危机，如果企业的实力跟不上，失败的代价将是惨重的。

汽车维修行业的经营项目很多，有汽车专项维修、汽车养护、汽车美容、汽车装饰、汽车改装等，与汽车维修相关的行业有汽车销售、汽车俱乐部、汽车租赁、二手车经营等，这些都是汽车维修企业可以涉猎的。尤其是汽车销售，目前很多汽车 4S 店就是从汽车维修起家的。

（二）适合汽车维修企业的6种经营战略模式

综观世界范围内的汽车维修企业，绝大多数是中小型企业，同大型企业相比，中小型企业的资本少，筹资能力弱，经营规模小，在人才、技术、管理上缺乏优势，较难抗击风险。但是中小型企业组织结构简单，决策较快，生产经营机动灵活，企业的经营成败更多地取决于经营者个人的能力。根据上述特点，汽车维修企业宜采用的战略大致有以下6种。

1. "精、专"的经营战略

"精、专"经营战略是指企业的专业化经营，也就是单一产品经营战略。对于资金实力、生产能力较弱的中小型企业来说，将有限的资源投入到"精、专"业务上，将精力集中于目标市场的经营，以更好地在市场竞争中站稳脚跟。具体地讲，企业可以集中人力、物力、财力将某种业务做精、做好、做细。通过采用新技术、新工艺、新方法、新材料、新设备等方式，不断进行管理、技术创新，在同行业中始终处于管理、技术、服务领先水平。

"精、专"的经营战略就是"小而专""小而精"战略，不搞大而全，但求精与专，力争产品的精尖化、专业化。采用这种战略的关键首先是要选准产品和目标市场，其次是要致力于提高维修质量和技术创新。

2. 寻找市场空隙战略

寻找市场空隙战略是指采取机动灵活的经营方式，进入那些市场容量小，其他企业不愿意或不便于或尚未进入的行业或地区进行发展。此种经营方式尤其适合中小型企业，在自身实力较弱、资源有限的情况下，在开辟市场领域时，应在被大企业忽视的市场空隙和边缘地带寻觅商机，对客户确实需要的产品和项目，利用灵活机制，去占领市场，赢得客户。进入市场空隙后，可视具体情况而定，或扩大生产，向集中化、专业化发展；或在别的企业开始进入后迅速撤离，另寻新的市场空隙。

3. 经营特色战略

经营特色战略是指企业充分发挥自身的优势，突出自己产品和服务某一方面的特色、个性和风格，以独具特色的经营来吸引客户的战略。

经营特色战略的关键是能够表现出独特的差异性，因此经营特色战略也可以称为差异性战略。只有充分发挥自身的优势，扬长避短，闯出一条独特的经营之路，才能保持强劲的发展势头，立于不败之地。

这种经营战略尤其适合规模小、竞争能力较弱的小企业，为了能在市场中占有一席之地，应根据企业的经营条件和所处的经营环境，尽量表现出独特的差异性。其做法有很多种，其中最典型的是针对当地或特定客户群的特殊需要，提供特色产品或服务，以吸引客户。

经营特色一旦建立起来，就能博得客户的信任，赢得竞争优势，并能获得长期稳定的发展。

4. 联合经营战略

联合经营战略是指企业间实行多种形式合作的战略。这种战略适合实力弱、技术水平差、难以形成大企业的规模优势的中小企业。联合经营的企业可在平等互利的基础上联合起来，取长补短，共同开发市场，求得生存与发展。联合分为松散型和紧密型两种。

（1）松散型联合。这是指企业之间仅限于生产协作或专业化分工的联合，在人员、资金、技术等方面基本不合作。采用这种联合方式，企业之间比较自由，竞争力不强，但都能从中获利。

（2）紧密型联合。紧密型联合是指除生产协作外，还进行资金、人力和销售方面的合作，如相互持股、相互融资、联合销售等。由于相互间关系密切，容易形成凝聚力，从而提高整体竞争力。

5. 连锁经营

连锁经营是指经营同类商品或服务的若干个企业，在总部管理下，按照统一的经营模式进行共同的经营活动，以求得规模优势和共享规模效益的经营形式和组织形态。

连锁经营是近代世界经济和商业竞争的产物，它随着社会服务业的发展而发展。连锁经营在国外已成为汽车维修企业成功的经营模式，它从根本上取代了传统汽车维修企业以零散性为主的经营格局，具有成本低、速度快、反应及时、适应性强、方便快捷，以及生产技术、信息资源、专用设备共享的特点，是一种全新的经营理念和经营模式。

以中高档车辆为服务对象，以小型、方便、快捷、实惠、社区化服务为特色的汽车快修连锁店是汽车维修企业发展的一种新兴模式。其外在体现为所有连锁店标志统一，内外装潢统一，标志醒目且美观；连锁店内部装修简洁，服务人员身着统一的工作服，并佩戴明晰的服务标示牌，服务人员各种操作统一规范；连锁店服务项目简介及项目价格统一且对外公示。其内在则体现为快修连锁店具有"价廉物美"的优势，一般投资为 20 万～50 万元，占地少、人员精简、配件和维修技术可以由总部统一供应和指导，昂贵的检测诊断设备可以共享；各连锁店在总部的统一管理下自主经营，技术人员和维修资料有保障，配件来源相对稳定。这些内外优势都增强了快修连锁店的可信度和社会认知度，从而成为目前广大车主修车的首选。

6. 特许经营战略

特许经营指大企业向小企业提供其产品、服务或品牌在特定范围内的经营权。

特许经营已成为大企业与小企业之间合作的一种主要形式。在特许权经营中，大企业按照合同对小企业进行监督和指导，有时给予必要的资金援助；小企业也应按合同规定经营，不任意改变经营项目。特许经营的最大优点是将灵活性与规模经营统一起来，将小企业的优势与大企业的专业能力和资源结合起来。小企业可以和大企业共享品牌、信息和客户资源，共同获利并扩大同一品牌的知名度。通过特许经营，小企业的经营者得到培训，熟悉了市场，获得了业务知识和技术诀窍，从而使经营战略风险降低。

目前我们所熟悉的汽车特约维修服务站就属于特许经营。特约维修服务站特许经营是国际先进的经营模式，是汽车生产厂商低成本扩张的有效途径之一，经营模式包含服务品牌的特许、经营模式的特许、维修技术的特许和原厂配件的特许。

汽车特约维修服务站货源稳定，收入可观，但目前汽车生产厂商绝大多数不单独设汽车特约维修服务站，而是建立 4S 店。

4S 店是一种以"四位一体"为核心的汽车特许经营模式，包括整车销售（Sale）、零配件供应（Spare Part）、售后服务（Service）、信息反馈（Survey）等。4S 是四个英文单词的首字母缩写，是一种汽车服务方式。这种 4S 店有汽车厂家的支持和监督，其优势在于整体形象好、服务周到、专业。但 4S 店前期投资大，其投资动辄上千万元，由此导致维修成本高、市场容量有限等缺陷，延长了投资回收期。因此和 4S 捆绑在一起的汽车特约维修服务站，盈利受到汽车销售的影响。

三、汽车维修企业 CIS 战略

企业形象系统（Corporate Identity System，CIS）也称为企业识别系统。

企业形象系统由企业理念系统（Mind Identity System，MIS）、企业行为系统（Behavior Identity System，BIS）和企业视觉系统（Visual Identity System，VIS）三个层面组成。

企业通过形象策划塑造出企业形象，将企业文化形成一个统一概念，通过个性化、鲜明的视觉形象（图形、图案）表达出来，再传导给社会、公众和企业员工，并使之在公众心目中留下良好的形象。

（一）企业理念系统（MIS）

企业理念系统是 CIS 的基本精神所在，是整个形象系统的最高决策层，它的基本要素和应用要素分别如下。

1. 基本要素

（1）经营理念。不同的企业有不同的经营理念。例如，美国国际商业机器公司（IBM）的经营理念是：尊重人、信任人；客户至上，一切为客户；追求卓越。沈阳华晨金杯汽车有限公司的经营理念是：不断创新，最大限度地满足客户需求。丰田汽车公司的服务理念是：挑战、改善、现地现物、尊重和团队精神。挑战是为实现梦想用勇气与创造力去挑战；改善是经常追求革新并不断地致力于改善；现地现物是到现场、抓住事物的本质，找到真正的原因；尊重是尊重他人、致力诚信、相互理解；团队精神是大家团结协作、共同提高，为实现共同的目标而努力。

（2）发展战略。每个企业都为了长远经营和兴盛发达而制定发展战略。

（3）企业精神。企业精神是指企业职工在长期生产经营的过程中，在正确的价值观念体系的支配和滋养下，逐步形成和优化出来的群体意识。

（4）价值追求。在企业里，全体成员应形成明确的、共同的价值追求。

（5）行为准则。企业应制定行为准则，更好地规范和约束企业行为。

（6）发展目标。它确定企业的发展方向，也决定企业成员成长和发展的目标。

2. 应用要素

应用要素具体包括以下内容。

（1）信念、信条。

（2）警语。

（3）口号。

（4）标语。

（5）守则。

（6）企业歌。

（二）企业行为系统（BIS）

企业行为系统是指在其经营理念的指导下形成的一系列经营活动，由于企业行为系统是在不同于其他企业的经营理念指导下形成的，所以在经营活动的重点和具体方法上明显有别于其他企业。企业行为系统分为内部行为活动和外部行为活动。

1. 内部行为活动

内部行为活动主要包括以下内容。

（1）教育培训。企业必须注重对员工服务态度、工作精神、迎接技巧、电话用语等方面的培训。

（2）礼仪。

（3）服饰。

（4）身体语言。

（5）福利待遇。

（6）工作场所。

（7）环保观念。

（8）研究发展。

2. 外部行为活动

外部行为活动主要包括以下内容。

（1）营销观念。

（2）公共关系。

（3）银企关系。

（4）公益活动。

（5）促销活动。

（三）企业视觉系统（VIS）

企业视觉系统是在企业经营理念的基础上，根据经营活动的要求，设计出识别符号，以刻画企业的个性，突出企业的精神，凸显企业的特征，目的是使企业员工、消费者和社会各界对企业产生一致的认同感。

1. 基本要素

企业视觉系统的基本要素具体包括以下内容。

（1）企业名称。企业名称包括企业全称、简称。

（2）企业品牌标志。

（3）企业名称标准字体和品牌标准字体。

（4）企业标准色。

（5）企业造型、印象图案。

（6）宣传标语、口号。

2. 关系要素

企业视觉系统的关系要素具体包括以下内容。

（1）办公用品：信封、信纸、专用便笺、函、便条、介绍信、名片、名片簿、名片盒、企业专用笔记本。

（2）事务用品类：企业简介、企业证照、各类规章文件、企业专用请柬。

（3）交通运输工具类：各类货运车辆，大、中、小型客车，班车，小轿车，专用宣传广告车，特种车辆。

（4）指示、标志类：企业招牌，旗帜，各部门、科室铭牌，大门、各种入口、楼层指示牌，路牌，禁令标志，建筑物外观，室外照明，铭牌霓虹灯。

（5）广告展示陈列类：广告礼品，展览会展位设计、陈列，业务洽谈室风格，报纸、杂志、电视等传媒广告编排，广告片头片尾设计、图案，单页广告宣传资料，广告海报，邮寄广告，广告手提袋，广告横幅等。

（6）商品及包装类：各种包装纸、袋，办公、营业场所及车间内部装潢等。

（7）服饰类：工作服，工作鞋、帽、领带、胸针、皮带，广告衫及 T 恤衫。

（8）企业网页。

（9）音乐。

（10）礼品：贺卡、打火机、挂历等。

（11）其他：企业出版物，接待客户用家具、桌椅、茶具、餐具、烟灰缸等。

四、厂区规划及设施环境要求

（一）厂区规划

1. 厂区设施

厂区设施应包括业务接待厅、客户休息区、办公区、维修车间、配件库、辅助设施区、客户停车区、待修区、竣工区等。

2. 厂区规划的原则

（1）设施布置要方便客户、方便工作。

（2）人和车的路线要分开。

（3）客户活动区和工作人员的活动区要分开。

（4）尽量使客户容易进入厂区。

（5）维修车间要考虑通风、照明。

（6）配件库的进出口应设在不妨碍车辆移动的地方。

（7）各区间应标识清楚。

（二）设施环境要求

1. 厂牌标志的要求

（1）厂牌标志应远近均可看到。

（2）尺寸标准，规格统一，颜色搭配合理。

（3）昼夜醒目。

（4）与周围环境协调。

（5）门头字体应清晰、明亮。

（6）基础牢固。

2. 业务接待厅的要求

业务接待厅是客户进入企业的第一站。其布局是否合理、整体是否协调将会对客户产生很大的影响，因此业务接待厅有如下要求。

（1）业务接待厅门口应张贴营业时间和 24h 救援电话号码。

（2）悬挂常用维修配件和工时价格。

（3）张贴车辆维修流程图和组织机构图。

（4）地面、墙面及玻璃干净、整洁。

（5）光线明亮，所有灯光设施完好有效。

（6）空气保持清新，空调及通风设施必须完好有效。

（7）业务接待大厅需要进行绿化布置，使整体感觉亲切、友好、舒适，没有压力。

（8）设置一定的消防器材，并标出位置。

3. 客户休息区的要求

（1）电视等音像设备保持完好有效。

（2）配件展示架放在显著位置，展示零件必须充足、整齐、干净。

（3）客户休息区应保持明亮、干净、空气清新，无噪声，有条件的应装有空调，尽量使客户感到舒适。

（4）休息区域宽敞舒适，与接车区相连接，或有一个畅通的视角能看到接车区。

（5）应在休息区和车间之间设玻璃墙，使客户能从休息区看到车间的情况。

（6）客户的洗手间应该靠近休息区和展厅，且容易找到。

（7）客户休息区域的所有物品应放在指定位置，与整体统一协调，不随意挪用。

（8）张贴 Wi-Fi 用户名和密码。

4. 配件库的要求

（1）配件库进口处留有可以让送配件车辆进出的通道，并具有一定面积的卸货处理区。

（2）配件库应有足够的仓储面积和高度，保证进货、发货通道畅通。

（3）配件库的地面强度应能承受一定的重压。

（4）库房内应单独设立危险品放置区，并要有明显标志，且与其他配件相隔离。

（5）配件库应有足够的通风、防盗设施，并保证光线明亮。

5. 车间的要求

（1）工作灯使用 36V 安全电压。

（2）钣金车间、涂装车间与维修车间应分开，以防噪声和污染。

（3）安全操作规程应张贴在醒目的位置。

（4）灯光设施齐全。

6. 停车区的要求

停放场地合理布局可以减少交通混乱，提高场地利用率，给客户带来方便、有序的感觉。

（1）车辆停放区域的标志应清晰规范，应清楚划分客户停车区和接待停车区域（接车区域、待修区域、竣工交车区域）。

（2）停车区应保持干净、整洁，车辆摆放有序。

（3）各停车位都应在地面上用油漆画出。

7. 厂区道路的要求

（1）道路有标志，方便车辆出入。

（2）转弯处设置反光镜。

（3）道路宽敞处设置限速标志。

思考与练习

（1）根据所学汽车维修企业发展模式，能分析不同的汽车维修企业属于哪种经营战略模式。

（2）适合汽车维修企业的 6 种经营战略模式分别是什么，各自有何优点？

（3）汽车维修企业 CIS 战略由哪几个层面组成？

（4）汽车维修企业厂区规划及设施环境有哪些要求？

知识拓展

一、大众汽车公司的战略管理

大众汽车公司是全球领先的汽车制造商之一，同时也是欧洲最大的汽车生产商。在全球最大的汽车市场——西欧，大约每五辆新车中就有一辆来自大众汽车公司。

（一）社会责任

大众汽车公司启动的"大众汽车畅想绿色未来"环境教育项目，体现了企业的社会责任感。只要社会各方面都能尽一份力，人类的共同家园就会更加美好。倡导做爱心企业，将社会责任当成企业精神的重要内容加以传扬，积极参与赈灾救危、捐资助学、维护社会安定、文化体育等公益事业。

（二）愿景目标

大众汽车公司的目标是：在激烈的竞争环境下，以强有力的本地化生产联盟来捍卫在市场中的领先地位。

（三）外部环境总体评价

面对全球金融危机，大众汽车公司所涉及的各个产业市场都有所萎缩，但是由于它在二次充电电池产业以及 IT 产业拥有稳固的领导地位，因此在金融危机下的总体表现不错。

由于国内其他领先的自主品牌制造企业较早进入汽车行业而占有了绝大部分的市场份额，因此大众汽车公司的市场综合影响力处于中游。

（四）大众汽车公司面临竞争战略选择的难题

大众汽车公司在取得辉煌成就的同时也不得不面对资源利用率不高、产品附加值有限、新产品开发乏力、国内市场竞争激烈等一系列问题。

如何及时改变经营思路、调整经营战略以提升竞争能力，如何在目前的经营方式基础上通过管理和技术创新保持竞争力的可持续性，如何面对经济全球一体化市场的到来，如何面对同类产品的强大冲击的严峻形势，这些都是非常值得思考和研究的问题。

（五）大众汽车公司提出的相关战略

1. 人力资源战略

大众汽车公司的人力资源管理体系和人才发展战略是一个由企业发展、组织发展、个人发展三个层次构建的有机整体。企业发展是根本方向，与企业的核心竞争力的培育和提升直接相关，是在企业整体层面营造核心能力；组织发展侧重于企业各职能部门核心能力的塑造；个人发展以企业发展和组织发展为导向，结合个人职业发展的需求不断提升员工个人能力，让员工的个人价值在企业发展和组织发展的前提下得到充分肯定。"人才是大众最宝贵的资源"，企业的一切生产、经营和管理工作的执行都必须依靠高素质、专业化的员工。招募新员工，大众汽车公司要求专业、诚信、踏实、富有创造性与学习能力。

2. 竞争战略形成的企业文化

大众汽车公司一系列成功的竞争战略的选择在取得骄人业绩的同时，也使企业形成了具有特色的企业文化。这种文化的核心体现在：人与人直接的信任和理解；持续不断的开发创新精神。

企业从人文关怀的角度提出了一条建立企业文化的思路，归纳起来就是"四个一"："一个声音，一个目标，一个宗旨，一个步伐"。而这"四个一"最终形成了大众核心文化的象征。

3. 营销服务战略

生产销售方式反映的是市场变化的需求。随着消费者对汽车行业的要求越来越多样化，大众汽车公司着力于优化营销网络，建立以客户导向为中心目标、以客户为核心功能的营销网络，由"多层式"向"扁平式"过渡，使得营销网络真正走向市场，从而更贴近消费者。大众汽车公司将经销商纳入整个厂家的团队中，通过产品重新定位、企业管理变革以及营销思路变革帮助经销商，共同保持渠道的良性运营质量。虽然此举措在短期内造成了销售排名的下跌，但是一个健康的运作思路和共赢机制却建立起来了。例如，上汽大众提出了"向客户提供最好的大众车和最好的服务，保持上汽大众在中国轿车市场领先地位"的以客户为中心的经营理念，形成了以"追求卓越、永争第一"为核心价值观的企业文化体系，成为新时期员工的理念和行为导向。

4. 制造战略

质量是大众汽车公司的生命。根植于心的质量意识和严格的管理制度，为大众赢得了消费者长期的信任。例如，作为中德合资企业，上汽大众秉承了德国大众对产品质量的严谨态度和精益求精的精神，精湛的制造工艺技术从一开始就融入企业的血液之中，"质量领先"的理念和原则贯穿于产品开发、生产、销售及售后服务的整个业务链。企业建立了完善的质量保证体系和质量评估体系，从生产规划、工艺装备的确定到设备的维护保养，从原材料进库到成品出厂，每一道工序都处于严密的监控之下。

5. 研究发展战略

大众汽车公司投入巨资建立了规模庞大、设施先进的技术中心，其硬件基本满足了轿车车身自主开发和发动机、底盘匹配开发的需要，部分实验室达到了国内领先、世界一流的水平。总投资近 10 亿元人民币的上汽大众安亭试车场按照德国大众标准设计，拥有高速环道及坡道试验、声道试验、中国典型道路试验等各种试验路段。例如，上汽大众已经拥有自主的车身开发能力，包括整车造型、车身布置、工程设计、结构设计、试制试验、匹配优化等。

6. 财务战略

大众汽车公司在建立之初就十分强调如何降低自己的成本，所以大众汽车公司采取了及时化生产方式。这种生产方式注重简化物流过程，以提供更为优质的服务和产品，并且有计划地消除所有浪费，持续不断地提高生产率。这种生产方式要求公司内的所有资源的配合达到最优，高效地利用公司所有资源。随着公司的渐渐扩大，公司拥有的资源不断增多，传统的管理手段已不能使公司的资源更有效地运作，引入新的先进的管理方法已经成为必然。

7. 国际化战略

大众汽车公司的国际化经营大致从 1953 年开始，一直延续到 1977 年大众国际金融公司成立。这一阶段是大众汽车公司开拓全球市场的关键时期，大众汽车先后打开了美洲、非洲和亚太地区的市场，逐步建立起覆盖全球的生产销售网络，在巴西、美国、南非、澳大利亚、法国、墨西哥、比利时、尼日利亚等国建立了生产基地或销售组织。

到 20 世纪 60 年代，大众汽车公司的国外市场销量占到了其总销量的 1/3，达到 29387 辆。当时，大众汽车公司的两款主要产品甲壳虫轿车和多功能车分别占据德国汽车市场 40% 和 30% 的份额。国际市场的需求导致了大众汽车公司多年来的稳健增长，在德国联邦政府对外贸易协定的帮助下，大众汽车公司占据了德国汽车出口总额 50% 的份额，成为德国最大的汽车出口企业。

二、华普汽车的 VIS 形象

1. 维修车间

维修车间外观如图 1-1 所示。

图 1-1 维修车间

2. 企业标准字

在宣传推广过程中，品牌名称中英文与徽标有上下、左右及竖式结构之分，其位置关系及比例大小经专门设定，在执行过程中就严格按照图 1-2 所示，不得自行创造或更改。

（a）标准字全称网格制作图

（b）标准字全称反白图

图 1-2 企业标准字

3. 楼层指示牌

楼层指示牌是企业内部公共场所的视觉符号，具有企业内部信息传递和视觉导向功能，如图 1-3 所示。

材质：双色板，贴不干胶。

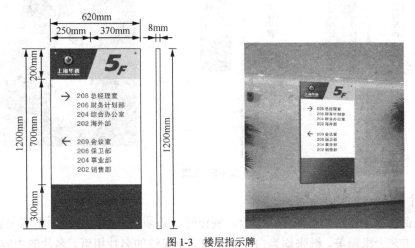

图 1-3　楼层指示牌

4. 服务车辆

为增强视觉形象统一感，服务车辆外观应使用标准标志加企业色辅助修饰的组合形式，如图 1-4 所示。

材质：车身贴。

图 1-4　服务车辆

5. 道旗

道旗主要用于企业对外宣传活动场所，构成区域性的视觉环境，营造出反复印象的视觉气氛，如图 1-5 所示。

材质：绸布丝印，以企业标准色和白色为主。

规格：视情况而定。

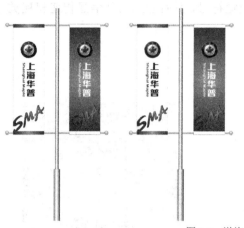

图1-5　道旗

6. 名片

名片是企业形象传播的重要组成部分。制作时，必须严格按照名片制作相关规定执行，印刷材质和工艺力求精美。纸张均为白色无花纹、无底纹的名片用纸。名片的内容包括标志、姓名、职务、地址、电话、传真、邮政编码、网址等，不得随意添加无关的内容，如家庭地址、住宅电话、社会兼职等，如图1-6所示。

材质：250g铜版纸或白卡纸。

规格：90mm×50mm。

制作工艺：四色印刷。

（a）公司普通员工中文名片示例　　　　　（b）公司普通员工英文名片示例

（c）公司名片示例（正面）　　　　　　　（d）公司名片示例（反面）

图1-6　名片

项目二
服务流程管理

项目导入

（1）张先生生意十分繁忙，这两天他感觉他平时驾驶的桑塔纳轿车加速时"发抖"，于是他将车开到一家维修站。刚一进门就看见业务接待桌前围了很多人，他排队排了很久才开好了派工单。然后张先生将车开进维修车间，看到车间里满是车辆。车间主任告诉他等待维修的车很多，至少一小时后才能为他的车进行检修，而修好的时间也无法确定。这期间不停地有人打电话找张先生有事，无奈之下，张先生将车开到另一家维修厂进行了维修。

汽车维修企业怎样才能避免这种造成客户流失的事情呢？

（2）一客户车辆在维修厂喷漆，接车时客户说燃油少了，车门还被蹭了三道痕。询问业务接待人员，谁也说不清，虽然维修厂最后给客户加了满油，将车门重新喷了漆。但客户对此次服务很不满意。

汽车维修企业如何维护自己的客户并避免客户不满呢？

项目要求

➤ 掌握预约的好处、流程、应注意的事项。
➤ 掌握接待的礼仪、流程、规范。
➤ 掌握维修流程、规范。
➤ 掌握质量检验流程、规范。
➤ 掌握交车流程、规范。
➤ 掌握跟踪服务的好处、流程、规范。

课时：8 课时

相关知识

服务流程包括预约、接待、维修、质量检验、交车和跟踪服务。

一、预约

1. 预约的好处

预约是汽车维修服务流程的第一个重要环节，因为它构成了与客户的第一次接触，从而提供了立即与客户建立良好关系的机会。至于是通过电话预约还是上门预约，形式并不重要。预约还有以下好处。

（1）可以缩短客户等待的时间，保证客户按约定的时间取车，从而减少客户抱怨。

（2）可以非常准确地控制车间的设备利用率，减少设备空闲时间。

（3）可以对接收的汽车维修订单进行时间安排，削峰填谷。

（4）可以及时订购配件，减少库存配件。

2. 预约服务流程

预约服务流程如图 2-1 所示。

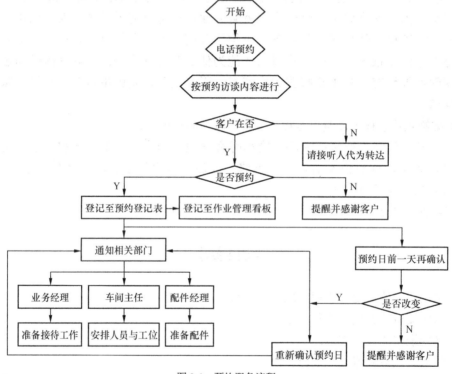

图 2-1　预约服务流程

3. 预约实施规范

（1）车辆保养电话预约应在保养前一周进行，信函预约应在保养前两周进行。

（2）做好预约记录，并通知车间、配件部门。

（3）对预约的客户要预留工位、配件和维修人员。

（4）预约日前一天再提醒客户。

4. 预约服务应注意的问题

进行预约时应注意每天都要为未预约的客户和紧急情况保留一定的生产能力。

二、接待

1. 接待的重要性

因为第一印象在大多数人的记忆中是最深刻的，所以，客户接待应当使客户对企业产生良好的第一印象。

从客户将车停到业务接待厅的门前那一刻，对客户的接待就开始了。从那一刻起，应该让客户感受到友好的氛围，特别是受到友好的问候。接下来业务接待员与客户的接触交谈是客户接待工作的关键，此时客户会确立对企业的好感度和信任程度。

客户是否留下进而成为忠诚客户，业务接待员对此有实质性的影响。不满意的客户会在熟人当中讲述其对企业的不满，由此带来的损失是不可估量的。优秀的业务接待员可以化解客户的不满，挽回由于客户不满而带来的损失，为企业创造最大的效益。

接待时应做到以下几点。

（1）使客户满意的前提是与客户进行良好的交谈，其中包括认真听取客户意见、提出问题、解释关联性问题以及为客户提供专业化的解答。

（2）业务接待员有必要与客户一起检查车辆，若需要用举升机举起车辆，业务接待员也有必要一起陪同。这样可以拉近与客户的距离，有助于赢得客户的信任。要牢记，对于大多数客户来说，车辆具有非常高的精神价值和物质价值，而且常常是其财产的重要组成部分。

（3）说服客户相信即将进行的维修工作的必要性和重要性。客户在送修之前几乎总是看到送修的缺点，如工时费用高、配件费用高、送车和取车费时以及修车时无车可开等，业务接待员的任务就是强调不维修所造成的安全隐患等，陈述维修后的好处，赢得客户的信任。

2. 接待服务流程

接待服务流程如图 2-2 所示。

3. 接待实施规范

（1）业务接待员要亲自进行客户接待工作，不能因为工作忙，就叫其他人员（如维修人员）代替，这样会让客户感到不受重视，客户会对企业产生不信任感。

（2）将胸牌戴在显眼的位置，以便客户知道在与谁打交道，这样有利于增加信任。

（3）接待时可称呼客户的姓氏和职务（如王经理、李老板等），这样客户能感到受重视，同时也显得亲切。

（4）接待的客户可分为预约客户、未预约客户。

① 对预约客户，取出已准备好的维修委托单和客户档案，陪同客户进入维修区。这样，客户会感到业务接待员对他的预约十分重视，他对接待这一环节就会感到满意。

② 对未预约客户仔细询问，按接待规范进行登记。

（5）接待时要集中注意力，避免匆忙或心不在焉。

（6）认真听取客户有哪些具体的愿望和问题，通过有针对性的提问更多地了解客户的要求，并将所有重要的信息记录在工作订单中。

（7）与客户一起对车辆进行检查，如果故障只在行驶中出现，应与客户一起进行试车。这样有助于提高对故障判断的准确程度，而且可避免不信任。发现新的故障还可以增加维修项目，若业务接待员对故障没有把握，也可以请有经验的维修人员一起进行车辆诊断。

（8）记录燃油表刻度、行驶里程，填写在接车单上，并告知客户。

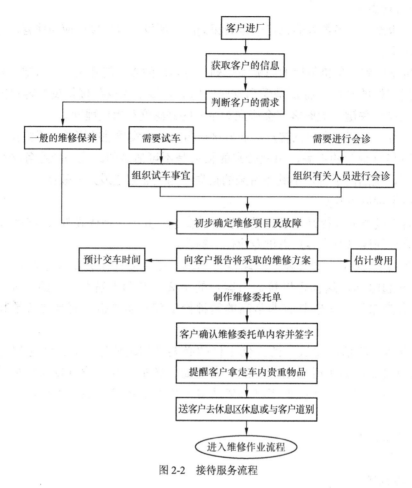

图 2-2　接待服务流程

（9）与客户一起对车辆进行检查，还应同时看一下车辆是否存在某些缺陷。如车身某处有划痕，某个灯破碎，轮罩缺失等，这些缺陷应在维修委托单上注明，避免出现不必要的纠纷。

（10）向客户解释可能的维修范围，若客户不明白或想进一步了解，可通过易于理解的实例来形象地解释一些技术细节。

（11）告诉客户所进行的维修工作的必要性和对车辆的好处。

（12）在确定维修范围之后，告诉客户可能花费的工时费及材料费。如果客户对费用有疑问，应对此进行详细解释，并向其仔细分析所要进行的每一项工作，千万不要不理睬或讽刺挖苦客户。接待时对客户的解释越详细，越会得到客户的理解。

在一些情况下，只有在拆下零件或总成后才能准确地确定故障和与此相关的费用，那么这时报价应当特别谨慎。

在这种情况下，在费用预算上必须明确地用诸如以下的措辞来避免纠纷："以上是大修发动机的费用，维修离合器的费用核算不包括在本费用预算中，只能在发动机拆下后才能确定。"

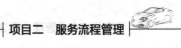

（13）分析维修项目，告诉客户可能出现的几种情况，并表示在进行处理之前会事先征得客户的同意。

例如，客户要求更换活塞环，业务接待员应提醒客户，可能会发现气缸磨损。拆下缸盖后将检查结果告诉客户，征求其意见。

（14）业务接待员写出或打印出维修委托单，经与客户沟通确认能满足其要求后，请客户在维修委托单上签名确认。

（15）提醒客户将车上的贵重物品拿走。

（16）最后送客户到客户休息区休息或与客户道别，并对客户的光临表示感谢。

三、维修

1. 维修的重要性

维修作业是维修企业的核心环节，维修企业的经营业绩和车辆维修质量主要由此环节产生，做好维修工作十分重要。

2. 维修工作流程

维修工作流程如图 2-3 所示。

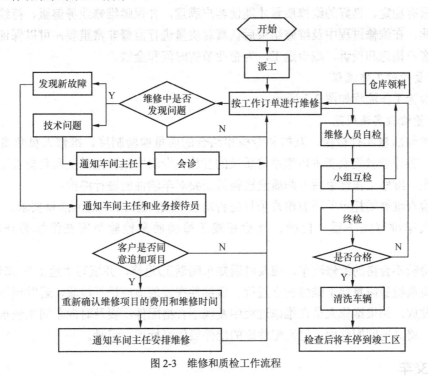

图 2-3 维修和质检工作流程

3. 维修服务规范

（1）维修人员要保持良好的职业形象，穿着统一的工作服和安全鞋。

（2）作业时要使用座椅套、脚垫、翼子板保护垫、转向盘套、换挡杆套等必要的保护装置。

（3）不可在客户车内吸烟，也不可在客户车内听音乐、使用电话或进行其他与维修无关的活动。

（4）作业时车辆要整齐停放在车间。

（5）时刻保持地面、工具柜、工作台、工具等整齐清洁。

（6）作业时工具、拆卸的部件及领用的新件不能摆放在地面上。

（7）正确使用专用工具和专用仪器，不能野蛮作业。

（8）在维修、保养过程中，发现新故障时，维修人员要及时报告车间主任，并通知客户。

（9）维修人员要保证在预期的时间内完成维修工作，如果要提前或延迟完工要报告车间主任，车间主任通知业务接待员与客户联系。

（10）作业完毕后将车内的旧件、工具、垃圾等收拾干净。

（11）将更换下来的旧件放在规定位置，以便客户带走。

（12）将座椅、转向盘、后视镜等调至原来位置。如果拆卸过蓄电池电缆，收音机、电子钟等的存储已被抹掉，应进行恢复。一定要注意这些工作细节。

四、质量检验

1. 维修质量检验的重要性

因为只有稳定、良好的维修质量才能使客户满意，并保障维修业务健康、持续、稳定地发展，因此，在维修过程中及维修结束后认真对质量进行监督非常重要，可以保证客户满意度，避免客户抱怨和投诉，减少返工，为企业节省时间和金钱。

2. 质量检验工作流程

质量检验工作流程如图2-3所示。

3. 质量检验实施规范

（1）维修质量实行自检、互检和专检相结合的质量检验制度。维修人员负责对维修质量的自检，各作业班组负责本班组维修质量的互检，专职质量检验员全面负责竣工车辆的质量把关工作，维修工作结束后专职质量检验员还要对车辆性能进行终检。

（2）检查维修委托单的所有维修项目是否均已完成，且100%达到质量要求。

（3）汽车维修完毕后，自检、互检和竣工检验质量检验员应在维修委托单上签字确认。

（4）检验不合格的维修汽车，应及时通知车间返工/返修，并填写"返工/返修记录单"。

（5）质量检验应贯穿于维修的全过程。零部件在发放前应进行检验，若发现不合格品，坚决不能发放。如果维修人员在维修过程中发现不合格配件，要及时向车间主任报告，确认不合格后，将其退回配件库。退回配件库的配件要做好标识、记录。

五、交车

1. 交车的重要性

（1）进一步提高客户满意度。

（2）体现物超所值的服务。

2. 交车工作流程

交车工作流程如图2-4所示。

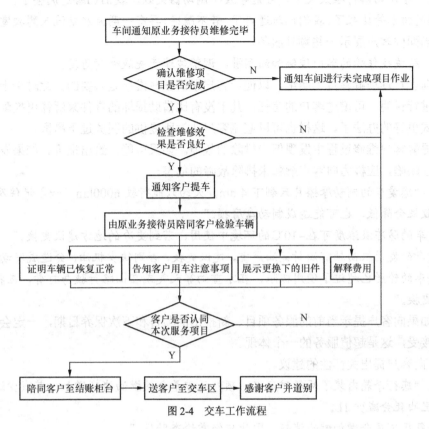

图 2-4　交车工作流程

3. 交车实施规范

（1）确保车辆内外清洁，检查维修过的地方，应无损坏或油污。

> **注　意**
>
> 　　交付客户一辆洁净的车是非常重要的，尤其是一些小细节，如烟灰盒里的烟灰必须倒掉，时钟要调校准时，座椅位置要调正等。汽车外观的保养占用的时间很少，却往往会起到事半功倍的效果。
>
> 　　那些并非为客户所期待的"额外的举手之劳"常常会在很大程度上增加客户的满意度。

（2）检查交车时间、维修费用、实际维修项目是否与维修委托单上的记录相符。

（3）确认工作订单上的项目已全部完成。

（4）业务接待员审验完维修委托单后，将维修委托单送交收款员处核算。

（5）收款员检查材料单和其他凭证（如外部维修加工单等）是否齐全，检查出库的材料是否与订单要求的维修范围一致。

（6）在客户取车的时候，原来接车的业务接待员应尽可能亲自领客户查看维修完毕的车辆，尽可能地使客户取车的经历变成一次愉快的体验，尽量让客户充分确认维修后的车辆已完全恢复正常，从而增加客户对企业的信赖度。维修中若有免费为客户进行的项目，也可适当说明。

例如，"手制动器行程太大了，可能导致手制动器失效，我们已给您调整了。"

"空调的排水管堵塞了，我们已疏通好了。若不疏通，再有一两天水就流入驾驶室地板了。"

也可当面向客户展示一些额外服务。

例如，给吱吱作响的车门铰链加油润滑，调整玻璃清洗液喷嘴角度。

（7）向客户逐项解释费用明细，以便让客户了解哪些维修是必要的。此时带上损坏的零件来帮助进行说明，可增进客户的信任，几乎没有比借助损坏的零件来解释更换配件的必要性这一方式更好的办法了。这样也可以避免客户认为所提供的服务过于昂贵。

（8）提醒客户维修过程中发现但未排除的故障。如果可能，给出报价。如果发现的故障涉及安全性缺陷，应极力向客户解释未排除故障的危害。

例如，"您爱车的制动摩擦片只剩下 4mm，大约只能行驶 6000km，一定记住及时更换，否则制动效果会降低，也可能造成制动盘磨损。"

"您爱车的防冻液浓度可在-10℃的环境中使用，若到更冷的地方建议更换。"

"您爱车的发动机曲轴前油封漏油严重，建议更换，否则缺少机油，会造成发动机损伤。"

"您爱车的轮胎已超过了使用极限，在冰雪雨雾天气或在山路行驶易打滑，应特别注意，建议尽快更换。"

（9）如果向客户提示当前的服务项目、新推出的项目和下次保养日期，一定会被很多客户欣赏和接受，这是超值服务的一个体现。

（10）向客户提出关怀性的建议。

例如，"您行李箱内装了两箱矿泉水，额外的重量会使燃油消耗增加，若减少这些重量，估计百公里油耗会减少 1L。"

"轮胎气压不足会增加燃油消耗，因此应经常检查胎压。"

"清洗液喷嘴被车蜡堵住了，清洗液喷不出来，我们已将车蜡清除了，以后打蜡时要多注意。"

只有业务接待员亲自将车辆交给客户，良好的服务才算画上了圆满的句号。同时，这将再次向客户明确本维修企业的维修服务能力。

六、跟踪服务

1. 跟踪服务的好处

（1）表达对客户惠顾的感谢，增进客户的好感。

（2）确保客户对维修满意，对客户不满意的地方采取措施解决问题，直到客户满意。

（3）将跟踪结果反馈给企业负责人，企业负责人组织业务接待员、维修经理、车间主任等讨论，找出改进工作的措施，以利于今后的工作。

2. 跟踪服务流程

跟踪服务流程如图 2-5 所示。

3. 跟踪服务规范

（1）跟踪服务可通过电话或信件进行，一般通过电话进行。通过电话回访询问客户对维修工作的满意程度，应在客户取车后 3 日内进行。电话回访是一种行之有效的跟踪服务手段。电话回访服务规范如下。

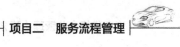

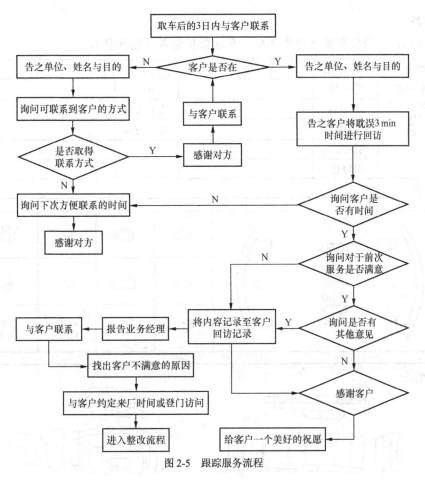

图 2-5　跟踪服务流程

① 简明地进行自我介绍。介绍要言简意赅，如"××先生/女士，您好！我是××维修厂的××。"

② 说明打电话的原因。例如，"我打电话是想了解您的车最近在我厂维修的情况。"

③ 提出问题。询问客户对维修服务是否满意，服务及维修人员态度如何，维修质量如何，对我们企业整体印象如何等。

④ 记录客户不满意的原因。将不满意的原因记下来，并告诉客户："我会将您的意见转告我们经理。"

⑤ 感谢客户，结束谈话。例如，"谢谢您，耽误这么长时间接受我的访问，期待您一如既往地支持我们！"

（2）如果客户对前次服务不满意或有其他意见，回访员应及时将跟踪结果向服务经理汇报。服务经理与客户联系，属维修质量问题的将车开回进行维修，属服务态度问题的向客户表示歉意，直至客户满意。这样从预约开始到跟踪结束，形成一个闭环。

实训　接待维修客户

1. 内容

学生两人一组，一人扮演客户，另一人扮演业务接待员，练习接待客户。

2. 材料

一辆轿车，一份接车单（见图2-6），车辆保护装置（四件套）。

车牌号		车型		行驶里程		维修日期		电话	
随车附件： 良好（√） 有问题（×） 并注明	前后标				备胎				
	点烟器				随车工具				
	音响				贵重物品				
	内饰划痕								
	升降器								
备注：									

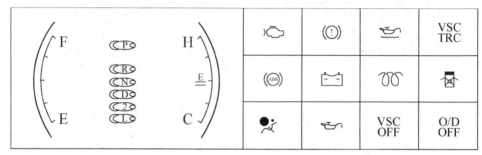

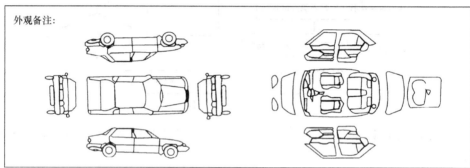

外观备注：

维修时客户要求：

接车时客户签字		接车时业务接待员签字	
交车时客户签字		交车时业务接待员签字	

图2-6 某单位接车单

3. 素质目标

培养学生的经营意识、客户意识，并使其具有很好的团队协作精神和良好的职业素养，具有较强的事业心和高度的责任感，具有较强的表达能力及良好的沟通能力。

4. 注意事项

（1）语言规范，动作得体。

（2）正确使用四件套保护车辆。

（3）正确填写接车单，不漏项。

5. 评价（见表2-1）

表2-1　　　　　　　　　　　　　　　　实训评价表

实训内容	接　车		姓　名		
自评、互评与教师评价					
考 核 项 目	评 分 标 准	分　数	学生自评	小组互评	教师评价
小组合作	和谐	5			
活动参与	积极、认真	5			
语言	礼貌、规范	5			
着装	整洁、整齐	5			
动作	规范、有礼	5			
问题提问（回答）	专业性	15			
表达能力	强	10			
沟通能力	强	10			
环车检查	规范、全面	15			
使用四件套	正确、规范	5			
工单填写	规范、不漏项	10			
开拓能力	灵活、机动、创新	10			
合计		100			
总评（学生自评×20% + 小组互评×20% + 教师评价×60%）					
教师签字：			年　　　月　　　日		

思考与练习

（1）预约和跟踪服务的好处分别有哪些？如何做好预约和跟踪服务？

（2）分别简述预约、接待、维修、质量检验、交车、跟踪服务的流程。

（3）如何规范接待客户？业务接待员应注意的事项有哪些？

（4）维修人员如何做到维修服务规范？

知识拓展

一汽大众的售后服务核心流程

一汽大众的售后服务核心流程是将经销商为客户服务的关键工作分为 7 个环节进行管理，即预约、准备工作、接车/制单、维修/进行工作、质量检查/内部交车、交车/结账、电话回访（见图2-7），对每个过程提出标准的工作内容及要求。

1. 预约

（1）预约方式。预约主要通过电话进行，分经销商主动预约和客户主动预约两种形式。

图2-7 一汽大众的售后服务核心流程

① 经销商主动预约：通过提醒服务系统及客户档案，经销商主动预约客户。

② 客户主动预约：引导客户主动与经销商预约。

（2）预约工作内容。

① 询问客户及车辆基础信息（核对老客户数据、登记新客户数据）。

② 询问行驶里程。

③ 询问上次维修时间及是否是重复维修。

④ 确认客户的需求、车辆故障情况。

⑤ 介绍特色服务项目并询问客户是否需要这些项目。

⑥ 确认业务接待员的姓名。

⑦ 确定接车时间（留有余地）。

⑧ 暂定交车时间。

⑨ 提供价格信息（既准确又留有余地）。

⑩ 告诉客户携带相关的资料（随车文件、防盗器密码、防盗螺栓、钥匙、维修记录）。

（3）预约工作要求。

① 使用标准表格。

② 引导客户预约，通过设立欢迎板等手段加强预约宣传，采用工时折扣等优惠措施吸引客户预约。

2. 准备工作

（1）准备工作内容。

① 草拟工作订单。包括目前为止已了解的内容，这样可以节约接车时间。

② 检查是否是重复维修，如果是，在订单上做标记以便特别关注。

③ 检查上次维修时发现但没纠正的问题，记录在本次订单上，以便再次提醒客户。

④ 估计是否需要进一步工作。

⑤ 通知有关人员（车间、配件、接待、资料、工具）做准备。

⑥ 提前一天检查各方面的准备情况（技师、配件、专用工具、技术资料）。

⑦ 如果需要，准备好替代车及租车协议。

⑧ 根据维修项目的难易程度合理安排人员。

⑨ 对于重复维修、疑难问题，制订好技术方案。

⑩ 如果是外出服务预约，还要做相应的其他准备。

（2）准备工作要求。

① 如准备工作出现问题，预约不能如期进行，应尽快告诉客户重新预约。

② 建议车间使用工作任务分配板。

3. 接车/制单

（1）接车/制单工作内容。

① 识别客户需求（客户细分）。

② 自我介绍。

③ 耐心倾听客户陈述。

④ 对车辆使用保护罩。

⑤ 进行全面彻底的维修检查。

⑥ 如有必要应与客户共同试车。

⑦ 总结客户需求，与客户共同核实车辆、客户信息，将所有故障及客户意见（修或不修）写在维修委托单上，客户在维修委托单上签字。

⑧ 提供详细的价格信息。

⑨ 签订维修委托单。维修委托单应包括车辆外观、车内物品等内容。

⑩ 确定交车时间和方式（交车时间尽量避开收银台前的拥挤时段）。

⑪ 向客户承诺工作质量，做质量担保说明和超值服务项目说明。

（2）接车/制单工作要求。

① 遵守预约的接车时间（勿让客户等待）。

② 预约好的业务接待员要在场。

③ 接车时间要充足（留出足够的时间关照客户）。

4. 维修/进行工作

维修/进行工作的要求如下。

（1）遵守接车时的安排。

（2）车间或小组分配维修任务，全面完成工作订单上的内容。

（3）保证修车时间。

（4）工作订单外的维修需征得客户签字同意。

（5）正确使用专用工具、检测仪器，参考技术资料，避免野蛮操作。

（6）所用资料应该是最新版本。

（7）做好各工种和各工序之间的衔接。

（8）技师在维修工作订单上签字。

5. 质量检查/内部交车

（1）检查方式。

① 自检。

② 互检。班组长检查。

③ 终检。终检员检查（安全项目、重大维修项目根据行业标准检验）。

（2）质量检查/内部交车工作内容。

① 随时控制质量，在客户接车前纠正可能出现的问题，即自检。

② 尾气检测（某些地区）。

③ 路试（技师、技工或业务接待员）。

④ 在工作订单上写明发现但没有纠正的问题，业务接待员签字。

⑤ 清洁车辆。

⑥ 停车并记录停车位。

⑦ 准备服务包（特色服务介绍等宣传品、资料、礼品、客户意见调查卡等）。

⑧ 向业务接待员说明维修过程及问题。

6. 交车/结账

（1）交车/结账工作内容。

① 检查发票，核对材料费、工时费与报价是否相符。

② 向客户解释发票内容。

③ 向客户说明工作订单外的工作和发现但没有解决的问题，对于必须维修但客户未同意的项目要请客户签字。

④ 给客户看旧件。

⑤ 指示客户看所做的维修工作。

⑥ 告知某些配件（如制动件/轮胎）的剩余使用寿命。

⑦ 向客户讲解必要的维修保养常识，宣传经销商的特色服务。

⑧ 向客户宣传预约的好处。

⑨ 委婉地拒绝客户的不合理要求，态度明确。

⑩ 告别客户。

（2）交车/结账工作要求。

① 准时交车。

② 交车时间要充分。

③ 遵守估价和付款方式。

7. 电话回访

电话回访的工作要求如下。

（1）打电话时，建议使用标准语言及标准语言顺序，发音要自然、友善。

（2）讲话不要太快，一方面给没有准备的客户时间和机会回忆细节，另一方面让客户感受到回访员的耐心。

（3）不要打断客户，记下客户的评语，无论批评或表扬。

（4）客户提走维修车辆后的 3 日内，打电话询问客户是否满意。

（5）回访员要懂基本维修常识，懂沟通及语言技巧。

（6）要回避客户不方便接听电话的时间。

（7）如果客户有抱怨，不要找借口搪塞，告诉客户已记下他的意见，并让客户相信如果他愿意，有关人员会与他联系并解决问题。有关人员要立即处理，尽快回复客户。

（8）对跟踪的情况进行分析及采取改进措施。

（9）对客户的不合理要求进行合理解释。

（10）回访比例不少于 1/3。

（11）回访对象必须是各种类型（客户类型、订单类型）的客户，对象越多越有代表性；维修费的多少也可以作为一个衡量标准。

项目三
客户关系的经营管理

项目导入

（1）A 先生的上海帕萨特轿车发生碰撞事故，A 先生也受了轻伤。之前有过业务往来的很多维修厂蜂拥而至，想让事故车到自己的厂子维修，最终 A 先生选择了名不见经传的某维修厂。这里面有什么诀窍？

（2）B 先生的桑塔纳轿车已行驶 16 万千米，发动机烧机油严重，B 先生想大修发动机，到三家二类维修厂咨询了一下，最终 B 先生选择的维修厂维修费用不是最低的，但 B 先生却很满意。而且通过这件事，B 先生成了这家维修厂的忠诚客户。这家维修厂是怎么做的？

项目要求

➤ 明确客户关系经营管理的核心。
➤ 掌握服务规范的内容。
➤ 掌握客户关怀的基本原则。
➤ 掌握客户关怀的实施策略。
课时：8 课时

相关知识

客户关系经营管理的核心是企业将"以客户为中心"的理念体现在企业运营的每一个环节，处处为客户着想，为客户提供满意的服务，将企业的客户转变成为企业忠诚的客户。汽车维修企业为客户服务，就是要提供高质量的维修服务，这包括与客户交谈、迅速而又礼貌地回答客户的问题、树立专业的形象等，使企业的每一次服务对客户来说是将一件不愉快的事情（汽车维修是因为车辆故障，是客户所不希望发生的事情）变为一件愉快的事情的过程。

为客户提供优质服务是企业在激烈竞争中站稳脚跟、走向繁荣的基础。无论是汽车维修厂的负责人或普通员工，为客户提供优质服务都非常重要，这也是盈利企业和亏损企业的差别。

如果因为服务质量差而失去客户，那么其损失是难以估量的。这意味着企业失去了大量其他没有见面的客户——以前不满意的客户的朋友和熟人。据统计，当一个客户接受了好的服务，他一般会告诉9～12个人；如果他接受了差的服务，他会告诉20个人。所谓的"好事不出门，坏事传千里"，就是这个道理。维修企业服务好是应该的，而一次让客户不满意的服务将带给企业极大的负面效应。

经营理念和认识上的落后是实施客户关系管理的最大障碍。我国汽车维修企业应冲破传统经营理念的羁绊，从企业发展战略的高度认识实施客户关系管理的重要性。要用先进的理念教育员工，使企业上至决策层，下至一线员工都深刻认识到"客户资源是企业最重要的资源"、客户是企业生存和发展的基础，自觉地将"以客户为中心"的经营理念贯彻到工作的每个环节，真正做到"想为客户所想、急为客户所急"，把客户视作自己的衣食父母。

一、服务规范

客户关系的经营管理要从服务规范做起，一切始于规范。

1. 身体语言规范

（1）眼神诚实自信。

（2）走路抬头挺胸。

（3）手臂摆动自然，不做作。

（4）面部肌肉放松，不紧张。

（5）表情友好和善。

（6）与人交谈对视时让人感到自在。

（7）与客户保持合适距离，应不远不近。

（8）与客户谈话时身体略微前倾，不要将双臂交叉于胸前。

（9）谈话时充满兴致。

（10）移动身体自然，不别扭，不随意。

2. 微笑服务规范

微笑服务是业务接待的基本服务手段，其要求如下。

（1）与客户交谈时要保持微笑。

（2）客户不满意时要保持微笑。

（3）电话服务时也要微笑，让客户感受到良好的服务态度。

3. 仪表形象规范

（1）服装整洁、得体。

（2）整体修饰职业化。

（3）头发长短合适，不怪异。

（4）牙齿清洁，指甲干净。

（5）皮鞋擦亮。

（6）气味清新。

（7）妆容得体，不浓妆艳抹。

4. 电话服务规范

企业的电话服务应规范统一。

（1）接听电话。

① 铃响三声之内应接听。三声之后，客户耐心会减退，甚至对企业产生怀疑。

② 问候来电者。可用"您好""早上好"等问候语。

③ 自报单位。也可以报上自己的名字。

④ 询问客户需要什么帮助。

（2）如何让客户等候。客户询问的事情需要时间确认或找的人暂时不在需等待时，要妥善处理。

① 告诉客户需等待的原因。如配件需查询、找的接待员不在等。

② 告诉客户大约需要等待的时间。

③ 时间长可以先挂掉电话，解决完后再给客户回电话。

④ 向客户表示感谢。

（3）记录电话。企业应建立电话记录，不可随意找一张纸记录，这样容易遗失，可能导致所记录的事情没有及时处理。电话记录应包括如下内容。

① 客户姓名、电话号码。

② 客户到店维修的时间。

③ 电话内容。

④ 若需外出服务，应详细记录地址、车号、车的颜色、故障现象等。

（4）结束电话。

① 结束电话之前要重复电话记录的主要内容。

② 结束电话时，务必感谢来电或抱歉打扰，这会给客户留下良好印象。

③ 让客户先挂断电话。

④ 立即落实电话记录。

5. 与客户交谈的规范

（1）态度真诚。谈话态度应真挚、稳重、热情，不可冷淡、傲慢。

（2）精神专注。专注是对人的一种尊重，交谈时不可东张西望、心不在焉。

（3）语言得体。语言简洁明了，不要含糊其辞或太过啰唆。

（4）内容适宜。谈话内容应适宜、有分寸，不要谈及对方反感的问题。

（5）谦恭适度。谈话要谦虚，适当地赞扬对方也是可以的，但不可吹牛拍马，曲意逢迎。

6. 文明服务用语与禁忌用语

（1）基本要求。使用礼貌用语，提倡说普通话；客户来时有迎声、问时有答声、走时有送声。

（2）服务用语。

① 当客户走来时，要主动迎上前去，面带微笑，目视客户并主动说问候语："您好！"。

② 当忙于手中的工作，未及时发现客户时，首先要表示歉意。然后本着"先外后内"的原则，停下手中的工作，并说："对不起，让您久等了，请问有什么需要帮助的？"

③ 当几位客户同时到达时，要对先到和后到的都打招呼，然后按先后顺序办理业务，并向后到的表示歉意："对不起，请稍等"。

④ 要求客户提供证件时，要"请"字在先，结束时说"谢谢您"。

⑤ 受理业务要准确了解客户的用意，并重复一遍客户的意愿。

⑥ 用语要通俗易懂，避免使用不常见的专业术语。承接等候时间较长的业务时，应告诉客户大约需等候多长时间。

⑦ 遇到客户抱怨，如果是服务不到位造成的要向客户道歉；不是自己责任的，要向客户耐心做好解释工作，切不可与客户争论。

⑧ 发生纠纷时，业务接待员不要与客户争吵，不管自己是否有理，如自己处理不了，应请服务主管及时出面调解，把客户请到接待室或不影响其他客户的场所，进行单独交谈。

⑨ 设备发生故障，在短时间内能恢复正常工作时，要向客户致歉并请其稍等；需要较长时间才能恢复正常工作的，应在向客户致歉的同时，询问客户是否能等候，不能等候的要另约时间。

⑩ 共用语。共用语举例如下。

您好，请，谢谢，对不起，请原谅，很抱歉，别客气，没关系，欢迎光临，请多提宝贵意见，让您久等了，谢谢合作，欢迎再来，再见。

（3）服务禁忌用语。

① 喂，过来！

② 这事我说了算！

③ 你这人真麻烦！

④ 不懂就别乱讲！

⑤ 我不管！

⑥ 有意见，向领导提！

⑦ 我没空！没看我正忙着，到一边等去！

⑧ 不知道！

⑨ 我说不行就不行，烦死人！

7. 电话文明用语与禁忌用语

（1）电话文明用语。

① 接听电话用语。

——您好，×××汽车维修厂业务接待员×××，很高兴为您服务。您有什么需要帮助的吗？

② 等待并与客户重新对话时用语。

——对不起，让您久等了。

③ 解答完毕后确认用语。

——先生/女士，请问您还有其他问题吗？（请问还有什么可以帮您吗？）

——先生/女士，请问您清楚了吗？

④ 处理投诉用语。

——谢谢您的电话（建议），我们将尽快给您答复。

⑤ 电话结束前用语。

——我们会尽快回复您，再见！

——如果您有什么需要帮忙的，欢迎随时拨打我们的电话，再见！

（2）电话禁忌用语。

① 这事我说了算！

② 你这人真麻烦！

③ 不懂就别乱讲！

④ 不知道！

⑤ 有意见，向领导提！

二、客户满意度分析

学术上有一个理论，客户满意度（CS）等于 QVS，Q 代表品质（Quality），V 代表价值（Value），S 代表服务（Service），所以客户满意度是品质、价值、服务三个要素的函数，可以表示为

$$CS=f（Q，V，S）$$

企业的竞争优势要在品质、价值、服务上体现。

1. 品质

品质要素如图 3-1 所示。

（1）人员素质：包括基本素质、职业道德、工作经验、教育背景、观念、态度、技能等。

（2）设备工具：包括完不完善、易不易用。

（3）维修技术：要求一次修复合格、质量优良。

（4）服务标准化：包括接待、维修、交车、跟踪。

（5）管理体制：包括质量检验、进度掌控、监督机制。

（6）厂房设施：要求顺畅、安全、高效。

2. 价值

价值要素如图 3-2 所示。

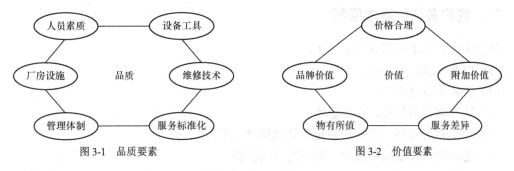

图 3-1　品质要素　　　　　　　图 3-2　价值要素

（1）价格合理：包括工时费、配件价格的合理性。

（2）附加价值：包括免费检测、赠送小礼品。

（3）服务差异：服务品质与其他企业的差别。

（4）物有所值：包括是否方便、舒适、安全、干净。

（5）品牌价值：包括知名度、忠诚度。

3. 服务

服务包括信任和便利性等要素。

（1）信任要素。信任要素如图 3-3 所示。

① 厂房规划：包括企业形象、区域划分、指示牌。

② 专业作业：包括标准程序、看板管理、专业人员负责、6S 管理、专业分工。

③ 价格透明：包括常用零件价格、收费标准。

④ 兑现承诺：包括交车时间、维修时间、配件发货、解决问题。

⑤ 客户参与：包括寻求客户认同、需求分析、报告维修进度、告知追加项目、交车过程、车主讲座。

⑥ 人员服务：语言热忱、亲切。

（2）便利性要素。便利性主要考虑时间、地点、付款、信息查询、商品选购、功能等要素，如图3-4所示。

① 地点：与客户居住地的距离、客户进厂的路线和指示牌。

② 时间：营业时间、假日值班、24h救援、等待时间。

③ 付款：付款方式、人员指引或陪同、结账时间、单据的整理。

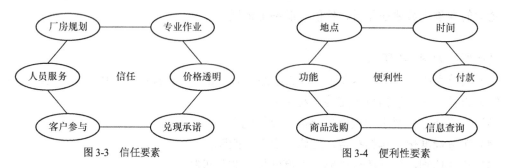

图3-3 信任要素　　　　　　　　　　图3-4 便利性要素

④ 信息查询：维修记录、费用、车辆信息、配件。

⑤ 商品选购：百货等的选购。

⑥ 功能：保险、四位一体、紧急救援、车辆年审、汽车俱乐部、接送车服务。

三、客户关怀的基本原则

客户关怀的基本原则有以下7个。

（1）以客户满意为中心。

（2）关怀要发自内心。

（3）站在客户的角度，换位思考。

（4）主动式的关怀，在客户困难时伸出援助之手。

（5）帮助客户降低服务成本，赢得客户的信任。

（6）勿表现出明显的商业行为。

（7）在客户满意和企业利益之间寻找最佳平衡点。

其中，第一点"以客户满意为中心"是客户关怀的核心，因为其他几点也是围绕着客户满意来做的。市场是由需求构成的，需求的多少决定了企业的获利潜力，而企业对需求满足的品质决定了企业获利的多少。随着工业经济社会向知识经济社会的过渡，经济全球化和服务一体化成为时代潮流，客户对产品和服务的满意与否成为企业发展的决定性因素。

在市场上需求运动的最佳状态是满意，客户的满意就是企业效益的源泉。因此"以客户满意为中心"成为当今企业管理的中心和基本观念，替代了传统的"以利润为中心"的观念。

为了实现"以客户满意为中心"这种管理核心的改变，克服传统市场营销中的弊病，现代市场营销理论的核心已由过去的"4P"（产品、价格、促销、渠道）发展演变为"4C"，实现了真正以客户满意为中心。"4C"理论指客户需要与欲望（Customer needs and wants）、客户成本（Cost to the customer）、便利（Convenience）、沟通（Communication）。

① 客户需要与欲望。努力研究客户的需求，不要只考虑企业所能制造的产品或所能提供的服务，而要销售客户确实想购买的产品或者想接受的服务。

② 客户成本。了解客户要满足其需求所能付出的费用，降低满足客户欲望与需求的成本。

③ 便利。思考如何给客户提供方便，以使客户更便利地购得商品或获得服务。

④ 沟通。加强同客户的联系沟通，了解客户对产品或服务的真实想法。

一切从客户利益出发，目的是为了维持客户的忠诚。因为只有长期忠诚的客户才是企业创造利润的源泉，所以企业关注的焦点应从企业内部运作转移到客户关系上来。

客户的发展阶段依照时间顺序一般是潜在客户、新客户、满意的客户、留住的客户、老客户。据统计，开发一个新客户的成本是留住一个老客户所花成本的5倍，而20%的重要客户可能带来80%的收益，所以留住老客户比开发新客户更为经济有效。有些企业总是将精力集中在寻找新客户上，而忽略了现有的老客户身上蕴含的巨大商机。企业应该学会判断最优价值的客户，尽力想办法发现这些客户的需要并满足他们，从而提高为客户服务的水平，达到留住客户的目的。

回到项目导入时的问题。A先生的上海帕萨特轿车发生碰撞事故，A先生也受了轻伤。很多维修厂蜂拥而至，想让事故车到自己的厂子维修。某维修厂的服务经理不是打电话要求A先生去修车，而是买了一束鲜花亲自登门看望A先生，对他表示慰问。A先生很是感动，谈起了事故经过，谈起他的车辆情况。某维修厂的服务经理抓紧这个时机与A先生谈起了车辆的维修，以及如何能保证恢复车辆原有状况。A先生对此很感兴趣，这才同意车辆到某维修厂维修。这个案例告诉我们，要想留住客户首先应该关怀客户，而且关怀要发自内心。要进行主动式的关怀，在客户遇到困难时伸出援助之手，这样才能得到客户的信任。

B先生的桑塔纳轿车已行驶16万千米，发动机烧机油严重，B先生想大修发动机，到三家二类维修厂咨询，其中一家给B先生做了一下测算，要解决烧机油问题有三种可能的方案：更换气门油封；更换气门油封和活塞环；镗缸，更换活塞、活塞环、气门油封。就桑塔纳轿车行驶16万千米的工况来看，采用前两个方案即可解决问题，更换气门油封费用约为800元，更换气门油封和活塞环费用约为2000元。而B先生提出的发动机大修费用就高了，为4000~6000元。听了这家维修厂的分析，B先生很高兴，当即决定将车放在该厂维修。拆下缸盖后，维修厂告诉B先生需要更换气门油封和活塞环，B先生同意了。经过维修，该车不再烧机油了。通过这件事，B先生成了这家维修厂的忠诚客户。这个案例告诉我们站在客户的角度，换位思考，帮助客户降低服务成本，才能赢得客户的信任。

四、客户关怀的实施策略

(一) 让客户得到满意的服务

为了给客户提供优质服务，企业领导必须以身作则，这样员工才会向领导学习。如果企业的领导没有树立榜样，那么企业员工也很难真正地为客户着想。最后，企业也会迅速衰败。

企业的员工都应该了解，有礼貌地接待客户是企业成功的关键。

同时，接待员、出纳员、客户追踪人员负责的区域或者作业及客户休息室是客户是否满意的主要影响因素。

为了保证客户具有较高的满意度，维修厂的接待员一定要使客户有宾至如归的感觉。仅有高水准的技术和维修质量，客户并不能感到完全满意，很多客户对服务过程的品质也很重视。因此，以客户为中心的"特别的个人关照"——从客户开始要求保养维修到交车为止，必须在整个保养维修服务过程中持续不断。

对经常与客户接触的员工，如总机电话接线员、接待员、出纳员等应该进行适当的培训，下面将介绍一些服务中的指导原则。同时，对售后跟踪反馈的结果积极地开展分析，可以增加员工对服务过程中礼仪的重视。

1. 总机电话接线员

客户与汽车维修厂接触的第一个人往往就是总机的电话接线员，他们的态度对于客户对企业的印象有极大的影响。总机电话接线员应牢记下列服务要点。

（1）立刻接听电话，不要让客户等待。

（2）以友善的态度接听电话和回答客户的问题，保持一个记录本在手，随时记下客户的问题。

（3）如果总机电话接线员必须让客户稍等一下，随时让客户知道，总机电话接线员并没有忘记他。

（4）如果客户没有时间等，请他留下电话号码，以便稍后可以回电话。

（5）如果接到客户的抱怨电话，应向客户道歉，并将抱怨的内容报告给企业负责人。

2. 接待员

接待员常常是客户进入维修厂遇到的第一个人，客户对企业的印象会随着接待员的态度而改变。客户一进门，接待员就应以热情的态度来迎接。如果接待员正在接待另一位客户，应与刚进门的那位客户打招呼，并告诉他马上过来。并非只有接待员，企业的所有人员都应该迎接随时到来的客户。

接待员应把固定的客户名字记在一张表上，并努力记住他们的外貌，不管什么时候看到他们，都能够用准确的称呼和他们打招呼。这样的招呼会让客户对接待员所在的汽车维修厂有好感，而且很可能因此拥有一个忠诚的客户和持续的业务。

在填写工作订单时，接待员一定要注意倾听客户反映的问题，从客户那里得到他认为汽车可能的故障信息。当然，有时候客户认为的故障和实际的问题会有差异。

弄清楚汽车的故障和做出必要的维修决定后，应填写工作订单，必要的时候，应使用客户的车辆档案。

（1）接待员应满足的条件。

为了保持良好的客户关系，接待员不应频繁换人，客户喜欢和某些较熟识的人相处。被指定担任接待员的人必须满足以下条件。

① 担任接待员的人应善于沟通。

② 汽车使用和保养方面的知识和经验丰富。

③ 担任接待员的人应是一个诚实的人。

④ 担任接待员的人应有礼貌而且容易与他人相处。

⑤ 担任接待员的人应友善、热情而且有吸引力。

（2）接待员在工作中应注意的事项。

① 若不了解客户车辆的故障，就无法进行维修保养工作，因此，接待员必须注意倾听客户的话，并且正确地评估判断故障。当故障包括不正常的振动或噪声时，应该试车确定真正的问题所在。维修工作完成后，也应试驾汽车以检查维修工作是否已经正确执行。

② 正确估计费用是赢得客户信任的关键一步。可以使用事先定好的标准或通过计算机车损估价系统进行估价，以提高估价的准确性。任何无法兑现的承诺都会惹来麻烦，所以估价要尽可能做得准确些。

③ 汽车维修保养费用是客户容易产生异议的花费，因此在估价的时候，应该向客户完整地解释预定的工作为何需要这些花费。

④ 接待员也应该向客户解释维修工作是否包括在汽车保修范围内。如果故障起因是客户的不当维护或不当使用，也应该将这件事告诉客户。

⑤ 如果问题的责任不在客户，接待员应对客户表示同情。在特约维修站，接待员和维修经理应为此事做一公正的考虑，属于车辆制造商的责任应由制造商负责。

⑥ 接受保养的汽车里程数一定要记录在档案里，并注意一定不要因为试驾让它增加太多。如果车辆里程有额外的增加，应向客户解释清楚。

3. 出纳员

出纳员可能是客户在维修厂见到的最后一个人，客户拿到维修费用的账单后，有时候会要求负责收费的出纳员予以解释。

当客户向出纳员询问估价和账单的差异，或者维修费为什么比预估的高时，出纳员应请有关的接待员或维修经理来向客户解释费用的问题。不可强迫客户付账。

如果无法接受个人支票或使用信用卡，一定要在出纳员的柜台悬挂"不收个人支票""不接受信用卡支付"的标志牌。

出纳员应向客户提供或转告以下事项。

（1）已完成维修工作的说明。

（2）账单与估价差异的说明。

（3）接待员对客户车辆的特别意见。

当维修项目不在保修的范围内时，可以向客户展示拆卸的零件并加以解释。切记，在客户明确说明放弃前，拆卸下来的旧零件仍属于客户。

出纳员应准备一个信封来装维修收费发票、汽车钥匙和一份工作订单的复印件，以便交给客户。

4. 交车注意事项

交车的时候，一些看来微不足道的细节可以取悦客户，提高客户的满意度和忠诚度。例如，将车子清洗干净，整理车内的地毯和坐垫，清洁烟灰缸。

交车以后，不要忘记提醒客户，如果发生其他故障或对维修工作不满意，应该立即与维修厂联络。

交车3天内，应记得做售后服务跟踪，查核客户是否满意。如果客户对于维修工作感到不满意，应让客户尽快将车开到维修厂再次检修。

5. 客户休息室

客户休息室是一些客户在等待车辆维修的过程中休息的空间，应该让客户感到舒适。有时候客户宁可在其他地方等候也不愿待在客户休息室，这表明客户休息室对客户没有吸引力，维修厂的经理应该询问客户是否舒适，客户休息室有没有什么地方需要改进。

技工完成由汽车制造商所主办的技术训练课程之后，所颁发的证书应该放在客户休息室，以向客户展示维修厂的技术水准。这些资料有助于让客户了解维修厂员工的技术水平。

此外，在客户休息室可以展示客户的感谢信和一些达到数十万千米里程无大修的特约维修车辆的照片。

为了让客户休息室更舒适和更有乐趣，应遵循以下建议。

（1）房间的设计应能让客户感到轻松，可能的话，向外应装设大玻璃窗，灯光明亮，通风良好，并营造明朗而愉快的气氛。

（2）房间应准备沙发和桌子。

（3）应装设咖啡或清淡饮料的自动供应机。

（4）提供一些特约维修车辆的制造商、经销商和本企业的公共宣传材料，以及一些杂志，也可以摆一台电视机。

（5）摆设一些鲜花和绿植。

可以在客户休息室安装一个建议箱，并提供纸和笔，让客户有效地表达其观点和建议。有些客户想要了解维修厂，可以在客户休息室中布置维修厂的介绍材料，做好企业文化宣传。

6. 额外的服务

服务企业的核心竞争力就是优质的服务，但服务也有很多层次。要有竞争力，就要做到对客户的卓越服务，使客户感到在这里实际得到的服务比他预期的要多，他能得到"额外的服务"。

额外的服务并非指花费更多人力、物力或使用更贵的零件，它体现在对客户细致的关心上。额外服务多指一些微小的事情，维修接待人员和工人可以自己做主。例如，检查轮胎气压（包括备胎），清洁车窗，给发涩的车门铰链上油等。

可以将各种实用的建议印成小的宣传页，放在客户的车内，这也是很好的关怀客户的方式。

（1）车辆清洁的建议。

① 车辆在雪天或者海滨行驶后，要尽快清洗底盘，以免被盐水侵蚀。

② 为保护车辆漆面，建议每月打蜡一次。

③ 不要用硬毛刷之类的硬物擦洗彩色聚氨酯保险杠，以免划伤，应使用软布或者海绵。

（2）驾驶节油的建议。

① 停车时间较长时，应将发动机熄灭，这样每分钟可以节省约 30mL 汽油。

② 发动机起动时不要高速空转，否则可能加速车辆磨损。

③ 经常检查轮胎压力，不当的胎压会改变车子的滚动摩擦力，增加燃油消耗量。通常的胎压应稍高于标准值，尤其在高速公路上行驶时。

④ 下坡时的空挡滑行并不能节约多少燃油，但对于行驶安全性有很大的隐患。

（3）底盘系统保养的建议。

①"减振器漏油对行驶的安全性暂无大碍，但会使乘坐不舒服，应尽快更换。"

②"消声器已经生锈了，应尽快更换。固定螺栓我们已经帮您拧紧了。"

③"底盘需要润滑的球头我们已经加了黄油。"

④"制动器摩擦片经过检查，后面已经快磨穿了，应尽快更换。"

⑤"轮胎的压力太高，我们已经帮您调整，高的胎压会加速轮胎的磨损。"

总之，服务技巧就是在整个服务的各个环节，运用你的专业知识，加上对客户所采用的关怀的态度而营造一种氛围，使客户认为你是专家，值得信赖。

（二）建立会员制度

企业欲提高业绩，一方面要开发新客户，另一方面也要巩固老客户，巩固老客户对开发新客户也具有重要作用。会员制可以提升客户的忠诚度，以便长期固定客户。

1. 会员制可采取的方式

会员制可以采取以下方式。

（1）车友会。

（2）客户教室。此种制度除固定客户外，还可培训指导客户车辆使用维护方面的知识。例如，一汽丰田公司定期在全国各经销店举办"爱车养护课堂"活动，免费为车主讲解车辆使用常识、安全驾驶、常见故障排除等基本知识，并对车主进行现场指导，解决了车主的疑问，拉近了经销店与车主的距离。

2. 建立会员制的方法

（1）将现有的客户或潜在的客户进行登记，每逢有宣传节目、服务活动时，便将有关资料或优惠材料寄过去，以建立与客户的关系。

（2）对于特定老客户，可赠送记名的购物卡片或证件，凭卡券购买物品，亦可现金折扣优待。

（3）对于特定会员客户提供特定服务。

（三）汽车俱乐部

汽车俱乐部是建立客户群的一种好方法。汽车俱乐部是一种与现代社会相适应的专业化、网络化的汽车服务保障体系，俱乐部可以用会员制形式为客户提供服务。俱乐部基于汽车又超出汽车本身，服务触角伸向会员所需的方方面面。俱乐部还会不定期组织会员活动，邀请专业人员为会员讲课或座谈，给会员一个交流、沟通的机会。下面以目前运行较好的一家汽车俱乐部为例说明汽车俱乐部的服务项目、运行方式等，各个汽车维修企业可根据自身的不同情况，实施其部分或全部内容。

1. 汽车俱乐部的服务项目

（1）紧急抢修，拖车救援。

（2）免费进行车辆性能检测和安全检查。

（3）维修折让。

（4）协助处理交通事故及交通违章。

（5）车务提醒服务。

（6）代办车辆年审。

（7）代缴费用。

（8）代理补办遗失的车辆证件，代办车辆过户手续。

（9）提供汽车代用及租赁服务。

（10）提供各种咨询服务。

（11）汽车美容或装饰给予折让优惠。

（12）代办证照审验。

（13）代办车辆保险。

（14）代办变更车辆注册（更换车身、改变颜色、更换发动机）等手续。

（15）协助车险理赔服务。

（16）不定期举办各种汽车沙龙活动。

另外，一些汽车俱乐部（如特约维修服务站、连锁加盟店等）可充分发挥网点遍布全国的优势，协助会员处理本地或异地交通事故、交通违章、维修代用车、汽车租赁等事宜，为到外地旅游的客户争取购物、住宿、娱乐、航空机票、急送、预定等方面的折让优惠。在汽车文化传播方面，汽车俱乐部可发展自己的合作刊物，建设自己的网站。

2. 汽车俱乐部入会及退会

汽车俱乐部入会及退会应有严格的规定，以免发生不必要的纠纷。具体要求如下。

（1）入会时所填写和提供的有关资料必须真实、有效。

（2）汽车维修企业可为俱乐部会员发放会员卡或会员证，以车辆牌号为统一标志，即一车一卡，专卡专用；为了区别不同类型会员，可分别订制金卡、银卡或普通卡。

（3）申请加入俱乐部的会员应交纳会费，金卡、银卡或普通卡会员交纳的会费不同。在维修企业举行优惠活动时可免费发放普通卡，对一些特殊客户也可免费发放会员卡。若在本企业消费满一定金额，普通卡可升级为银卡，银卡可升级为金卡。

（4）会员卡有效期为一年，在期满前交纳次年服务费，并进行续会登记。逾期视同放弃会员资格。

（5）会员自入会之日起一个月内，如对俱乐部服务不满意，可到俱乐部办理退会手续。

3. 汽车俱乐部会员义务

（1）提供有效的身份证、驾驶证、行驶证及年检合格的车辆，办理入会手续。

（2）要求会员到本企业维修及更换配件。

（3）自觉遵守俱乐部制定的各项规章制度。

4. 会员奖励方法

会员奖励方法可采取会员积分和减免会费的方式。

（1）会员积分方式。

会员积分可参照如下方法进行。

① 会员到维修企业维修或更换配件，每消费100元积1分。

② 会员的亲友持会员卡到本俱乐部修车，俱乐部将为会员累计积分。

③ 发展一名新客户入会积5分。

④ 购买全车综合险积10分。

会员积分奖励方法如下。

① 每积1分折合人民币若干元，积分可在俱乐部转化为维修费或配件费。

② 积分达到1000分，送数码相机一部；积分达到10000分，奖励笔记本电脑一台等。

（2）减免会费方式。一年内没有享受俱乐部服务的会员，年末可以退还一定数额的会费，在次年续会时，可享受一定会费的优惠，这样对会员更有吸引力。

5. 汽车俱乐部运行过程中应注意的问题

（1）车辆年审和驾驶证年审。应按当地规定参加车辆年审和驾驶证年审，会员如漏年审，可要求俱乐部协助补办，但补办手续会比较烦琐。

（2）高速路救援。会员车辆在全封闭高速公路上需紧急救援服务的，鉴于涉及高速公路管理的特殊性，俱乐部可能无法提供服务，需提前告知会员。

（四）服务促销

汽车维修企业的每一次广告宣传都伴随着服务促销。通过广告宣传能让客户知道本企业，通过服务促销能让客户感受到本企业周到、高品质的汽车维修服务。只有客户第一次的满意，才可能有第二次的光临。服务促销创造了大量的机会向客户展示为什么一定要到本企业来，并使之成为忠诚客户。

1. 服务促销计划

（1）决定服务促销的主题，在活动中要利用每次机会强调这个主题。

（2）活动时间和期限。服务促销活动可在维修淡季进行，若活动只举行一两天，最好选在周六或周日进行。

（3）通过市场调查，确定本企业的哪些服务项目有吸引力，什么样的价格具有竞争力。

（4）必须确定明确的服务范围和有吸引力的固定价格（最终价格）并遵守它，以防止客户对企业的可信度产生怀疑。

（5）在计划实施中定期检查，纠正计划实施的偏差。

（6）准备必要的零部件和其他材料。

2. 服务促销项目制定

服务促销采用的方式有打折优惠、免费诊断，而更多的时候是将这两种方式结合。

免费诊断可以吸引新客户或意愿不高的客户到维修厂。免费为客户检查和测试车况后，检查及测试的车况状态应记录在检查表上，这时可就检查结果与客户商讨。如果客户愿意，维修厂可以为客户安排一次维修服务。如果客户不愿意，通过此次活动展示了企业的服务水平，也达到了宣传的目的。

因此，服务促销项目的制定应以低成本的方式达到广告宣传的目的，同时吸引客户进行原本需要的维护项目。

以夏季空调免费检测为例，我们可制定以下检测项目。

（1）检查空调滤清器是否干净。

（2）检查空调系统制冷是否正常。

（3）检查空调系统是否有泄漏处。

（4）检查鼓风机是否正常。

（5）检查空调线束有无老化、破损等。

（6）空调系统免费除异味。

3. 服务促销分析总结

只有那些不仅对维修质量满意，而且对在本企业受到无微不至的服务感到满意的客户，其宣传才是最好的长期广告。能拥有这样的客户，才是广告宣传和服务促销的最终目的。

服务促销活动结束后，应重点对以下几个方面进行总结。

（1）是否有客户对本企业不满意？哪些客户？为什么？

（2）为什么过去来过的客户不再来了？

（3）为什么潜在的客户选择了其他企业？

（4）本企业在公众中的信誉形象如何？

（五）上门取车和送车服务

在竞争日趋激烈的汽车维修市场中，上门取车和送车服务越来越被证明是一种更好地展示企业服务能力和赢得新老客户青睐的机会。

客户将车辆送到维修厂都要进行下列既耗费时间、金钱又劳神的工作。

（1）开车去维修厂。

（2）安排回程（无车）。

（3）安排按时取车时间及交通。

（4）最后开车回家。

因此，很有必要向客户推荐上门取车和送车服务：在约定的时间和地点取车，在完成约定的维修工作后，再给客户将车送回去。

上门取车和送车服务有如下好处。

（1）提高老客户的满意度。

（2）增加赢得新客户的机会。

（3）使自己的服务更具吸引力。

（4）改善整个企业的形象。

实践证明，在当今这个"时间就是金钱"的时代，很多客户愿意享受这种服务，并把上门取车和送车服务看作是维修的超值服务。企业对此服务向客户收取一定费用也是可以的。但是，作为吸引客户的一种方式，很多企业目前不收取这笔费用。

（六）紧急救援

实践证明，良好运转的紧急救援服务对提高客户满意度和客户忠诚度，增加企业收入，具有巨大作用。

要求救援的客户一般是在最困难的时候，向企业发出求援信号。得到救援帮助的客户将会对企业心存感激，并对企业的乐于助人印象深刻。

企业实行良好的紧急救援要具有以下条件。

（1）成立紧急救援小组。

（2）建立24h值班制度。

（3）设立救援电话，并让客户知道救援电话。

（4）安排紧急救援车辆。

实训　电话情景模拟

1. 内容

按照案例内容，学生三人一组，一人扮演客户，一人扮演业务接待员，一人扮演经理，进行电话情景模拟。

案例：一辆轿车在某维修厂做了30000km保养，三个月后业务接待员电话提醒客户车辆该做保养了。以下是二人的对话。

业务接待员：尊敬的××先生，您好。我是×××汽车维修厂的业务接待员×××。您现在是否有时间？我给您做一下保养提醒服务。

客户：有。

业务接待员：感谢您在某年某月某日在我公司做的保养，现在有三个月了，车辆行驶多少千米了？

客户：34500km 了。我有个问题不明白，我在你们公司加的一桶机油是 180 元。我朋友在另一个维修厂加的同一品牌的机油是 120 元，为啥有这么大差距啊？

业务接待员：谢谢！我会将您的意见转告我们经理，由我们的经理给您解释一下好吗？

客户：好的。

业务接待员：您是否还有其他意见？

客户：没有了。

业务接待员：再见！

业务接待员将客户意见记录在电话回访记录本上，然后向经理汇报，经理给客户打电话。

经理：您好！我是×××汽车维修厂的服务经理。刚刚我们的接待员反映了您的情况，我现在给您说明一下。机油有不同的品牌，同一品牌的机油分不同的等级，我查了档案，您上次在我公司换的是 SL 级别的机油，不知您朋友换的是什么级别的。

客户：噢，机油还分级别呀，那我问问我朋友，再见。

经理：好的，再见！

过了一会儿，客户打来了电话。

客户：我问了我朋友他换的是 SJ 级别的，我的级别比他的高，原来是这样啊！我打算这次还去你们那做保养。你们的服务还真是周到啊，我很满意。

经理：谢谢您的理解！

客户：再见！

经理：再见！

2. 材料

电话回访记录本。

3. 素质目标

培养学生具备较强的解决问题能力，具备良好的职业素养；具备较强的事业心和高度的责任感；具备较强的表达能力、良好的沟通能力。

4. 注意事项

（1）语言规范。

（2）正确使用电话回访记录本。

5. 评价（见表 3-1）

表 3-1　　　　　　　　　　　　　　实训评价表

实训内容	电话情景模拟		姓　　名		
自评、互评与教师评价					
考核项目	评分标准	分数	学生自评	小组互评	教师评价
小组合作	和谐	5			
活动参与	积极、认真	5			

续表

实训内容	电话情景模拟	姓　名			
自评、互评与教师评价					
考核项目	评分标准	分数	学生自评	小组互评	教师评价
语言	礼貌、规范	15			
问题提问（回答）	专业性	15			
表达能力	强	15			
沟通能力	强	15			
解决方案	正确、规范	15			
电话回访记录	规范、不漏项	5			
开拓能力	灵活、机动、创新	10			
合计		100			
总评（学生自评×20%＋小组互评×20%＋教师评价×60%）					
教师签字：			年　　月　　日		

思考与练习

（1）用表格形式整理出服务规范涵盖的内容并加以掌握。

（2）用自己喜欢的方式进行客户满意度分析。

（3）将自己当成客户，理解客户满意及关怀的要点。

知识拓展

一、宝马事故和道路救援服务

宝马的事故和道路救援服务很周到，考虑了客户的需求，同时在关键时刻显示出对客户的关爱。

（一）宝马事故救援服务

宝马汽车公司提出，发生事故时可拨打宝马终身免费事故救援热线。在中国境内，只要救援车辆能够到达的地方，客户都可享受免费的救援服务和150km的免费拖车，将车辆拖至任何一家宝马授权经销商。如超出150km，客户仅需支付超出150km距离的拖车费用。宝马的经销商提供一站式服务，包含车辆定损、维修和理赔。

1. 事故救援服务的适用范围

（1）在中国境内登记的宝马品牌汽车，无论是否在保修期内。

（2）车辆发生交通事故不能正常行驶。

（3）中国境内宝马授权经销商售出的宝马官方认证二手车。

2. 事故救援服务的内容

宝马事故救援服务人员能快速赶到客户的身边，帮助客户解决问题。宝马事故救援服务主要内容如下。

（1）免费拖车服务。如果客户的汽车因发生道路交通事故而不能继续行驶，宝马事故救援中心将派出专用拖车，150km 以内免费把它拖送到客户指定的宝马授权经销商处。

（2）出租车费用报销。在客户的车辆因事故不能行驶而被拖至宝马授权经销商处的当天，以及车修好后通知客户来取车的时候，客户可以选择乘坐出租车，经销商为客户报销上限为 100 元人民币的出租车费。

（3）法律咨询。通过有资质的专业法律人士提供有关车辆以及与驾驶和操作相关的法律咨询（例如交通事故、罚款等）。提供的咨询只限于第一次口头意见。

（二）宝马道路救援服务

宝马道路救援服务的口号是："在选择宝马售后服务时，您就选择了全年 365 天，每天 24h 的安心。即使出现少有的汽车抛锚现象，也不必担心；只需拨打服务热线，宝马将为您分忧，让您的好心情能时刻复原。如果故障无法在现场排除，宝马将提供专业的拖车服务。"

1. 宝马道路救援服务的适用范围

（1）所有通过中国境内宝马授权经销商销售的宝马品牌汽车。

（2）在宝马保修范围之内（自购车之日起 3 年或行驶里程 10 万千米之内，以先到者为准）。

（3）中国境内宝马授权经销商售出的宝马官方认证二手车且在二手车保修期内（自购车之日起 12 个月不限里程）。

符合条件即有权获得宝马提供的免费道路救援和其他配套服务。

2. 道路救援服务内容

（1）在线指导

客户车辆出现故障，无法继续行驶时，可致电宝马道路救援中心，经验丰富的技术专家将进行远程诊断及在线指导，帮助排除车辆故障。

（2）现场快修

在线指导不能排除车辆故障的，宝马客户服务车（CSV）或者第三方服务供应商将会被立即派往故障现场，帮助解决问题。但现场快修仅限于：轮胎问题、蓄电池电量耗尽、燃油耗尽、其他意外（如找不到车钥匙，或者使用了错误标号的燃油）。

（3）拖车服务

如果故障无法在现场排除，将提供专业的拖车服务，将汽车运送至距离故障现场最近的宝马授权经销商，同时道路救援中心也会提供周到的后续服务。

二、客户关怀和服务促销活动

客户关怀和服务促销活动的工作重心在于以市场和客户为中心，着力整体实力和服务品质的不断提升，以更高的服务水平满足客户不断提高的需求。首先是服务内容的持续创新，其次在主动提升服务意识方面，"主动式关怀"服务持续深入和全面拓展，并通过各种活动让客户体会到主动而周到的服务。

服务促销活动包括免费活动、绑定类活动、线上互动类活动、抽奖送礼类活动、折扣类活动和代金券/积分卡类活动等。

1. 免费活动

免费活动是指消费者免费获得赠给的某种特定的物品或享受某种利益的促销活动。免费活动通过免费来吸引客户，达到服务促销的目的。案例如图 3-5 和图 3-6 所示。

主要内容

- 全车免费安全检查
- 凡在本店养护消费300元以上者，送机油一桶（价值128元）

目的

- 吸引客户回厂保养

活动对象

- 所有北京现代车主

活动实施流程

- 制定规则
- 告知客户此次活动
- 店内放置活动相关资料
- 活动期间在官方微信上宣传此项活动
- 活动结束后在店内或官网发布活动现场图片

效果评估方法

- 活动响应：享受免费检测的客户人数
- 制作宣传资料的成本及礼品成本

图 3-5 免检+养护超过 300 元送机油

主要内容

- 空调系统及全车电脑免费检测
- 常用件8折优惠供应
- 赠送清凉饮料

目的

- 吸引客户进厂检测空调

活动对象

- 所有奥迪车主

活动实施流程

- 制定规则
- 告知客户此次活动
- 店内放置活动相关资料
- 活动期间在官方微信上宣传此项活动
- 活动结束后在店内或官网发布活动现场图片

效果评估方法

- 活动响应：进店做维修保养的客户人数
- 制作宣传资料的成本及相关免费维修成本

图 3-6 夏季空调免检

案例一：马自达 4S 店春节服务促销活动

1. 活动主题："纵享激情·喜迎新春"服务双周免费检测活动。

2. 活动时间：2013 年 1 月 10 日—2013 年 1 月 31 日。

3. 活动对象：针对马自达所有客户，以及还未到店的潜在客户等。

4. 活动优惠内容：

（1）活动期间对进厂客户免费进行 28 项安全检测，确保长途出行安全顺畅。

（2）活动期间到店客户保养一律赠送 100 元现金券（钣金、涂装除外）。

（3）凡活动期间到店维修保养的马自达客户即赠送精美礼品 1 份，赠完即止。

案例二：2014年吉利汽车"关爱四季"之春季服务活动

活动背景及目的："关爱四季"之春季活动旨在借助每一年春季客户出游的习惯，来策划系列关爱活动，使客户持续感受售后服务的贴心关爱。春季活动中除免费检测、持续培养预约进站习惯的基础关爱项目外，继续利用微信公众平台进一步积累客户，为借助新媒体传播吉利动态奠定基础。持续提升客户满意度及吉利品牌美誉度！

活动时间：2014年3月30日—2014年5月18日。

开展范围：吉利汽车全国各品牌授权服务站。

活动对象：吉利汽车客户、全球鹰客户、英伦汽车（含华普）客户、帝豪客户。

活动内容：春季行车11项安全免检+预约享工时8.5折+消费"油"礼。

活动期间，凡吉利客户进站即享三重好礼：礼一，春季行车11项安全免检；礼二，预约进站即享免等待快捷服务及工时费8.5折（事故车除外）；礼三，消费"油"礼，进站客户消费满一定额度，即有机会获得不同面值加油卡。

2. 绑定类活动

捆绑销售是共生营销的一种形式，是指两个或两个以上的商品在促销过程中进行搭配，从而扩大它们的影响力。不是所有的企业的产品和服务都能随意地"捆绑"在一起。捆绑销售要达到"1+1>2"的效果取决于两种商品是否协调和相互促进，且不存在难以协调的矛盾。捆绑销售的成功还依赖于正确捆绑策略的制定。案例如图3-7和图3-8所示。

主要内容

· 一次性付清6次机油费用送全车抛光打蜡或单面板块喷漆

· 换轮胎4条以上（包含4条），送全车抛光打蜡线束保护

· 换轮胎2条以上（包含2条）享受四轮定位半价优惠

目的

· 商品促销

活动对象

· 所有一汽马自达车主

活动实施流程

· 制定规则

· 告知客户此次活动

· 店内放置活动相关资料

· 活动期间在官方微信上宣传此项活动

· 活动结束后在店内或官网发布活动现场图片

效果评估方法

· 活动响应：一次性付清6次机油费用的客户人数，换轮胎4条或2条以上的客户人数

· 制作宣传资料的成本及免费赠送的保养服务的成本

图3-7 买6次机油送各类养护，买4条轮胎送全车打蜡

主要内容

- 老客户介绍新客户赠送保养2次
- 全车免费30项安全检测，更换防冻液免工时
- 产生消费的客户获赠精美小礼品

目的

- 回馈老客户
- 吸引新客户

活动对象

- 所有北京现代车主

活动实施流程

- 制定规则
- 告知客户此次活动
- 店内放置活动相关资料
- 活动期间在官方微信上宣传此项活动
- 活动结束后在店内或官网发布活动现场图片

效果评估方法

- 活动响应：参加免费检测的客户人数以及新客户人数
- 制作宣传资料的成本，免费安全检测成本及活动礼品的成本

图 3-8　老客户介绍新客户赠送保养 2 次

案例三：轮胎优惠套餐促销

某广本 4S 店对全体广本客户提供以下轮胎优惠套餐。

（1）套餐 A：更换 4 条轮胎，尊享轮胎 8.8 折特惠、送更换工时、送动平衡、送四轮定位。

（2）套餐 B：更换 2 条轮胎，尊享轮胎 8.8 折特惠、送更换工时、送动平衡、四轮定位 5 折优惠。

（3）套餐 C：更换 1 条轮胎，尊享轮胎 8.8 折特惠、送更换工时、送动平衡。

（4）客户可尊享买轮胎存轮胎活动。

3. 线上互动类活动

线上互动类活动是，厂家和车主通过互联网上的某个活动，扩大企业和产品的影响力，吸引更多的客户到店。案例如图 3-9 和图 3-10 所示。

主要内容

- 有奖转发送RAV4车模 1 个

目的

- 扩大企业和活动的影响力

活动对象

- 所有一汽丰田车主

活动实施流程

- 制定规则
- 告知客户此次活动
- 活动期间在官方微信上宣传此项活动
- 活动结束后在店内或官网发布活动现场图片

效果评估方法

- 活动响应：此活动的转发量
- 制作宣传资料的成本及礼品成本

图 3-9　转发送车模

主要内容	活动对象	效果评估方法
• 有奖转发送价值360元高档机油1桶	• 所有微信用户	• 活动响应：此活动的转发量 • 制作宣传资料的成本及礼品的成本
	活动实施流程	
	• 制定规则 • 告知客户此次活动 • 活动期间在官方微信上宣传此项活动 • 活动结束后在店内或官网发布活动现场图片	
目的		
• 扩大企业和活动的影响力		

图 3-10　转发活动抽奖

4. 抽奖送礼类活动

抽奖送礼类活动是指通过给客户提供抽奖送礼的活动，获得和客户接触的机会，达到服务促销的目的。案例如图 3-11 和图 3-12 所示。

主要内容	活动对象	效果评估方法
• 所有活动客户均可参与"迎新年至尊千元大奖"抽奖活动（中奖率百分之百）1 次	• 所有上海雪佛兰车主	• 活动响应：所有参与活动的客户人数 • 制作宣传资料的成本及礼品的成本
	活动实施流程	
	• 制定规则 • 告知客户此次活动 • 店内放置活动相关资料 • 活动期间在官方微信上宣传此项活动 • 邀请客户代表现场抽奖 • 活动结束后在店内或官网发布活动现场图片	
目的		
• 回馈老客户		

图 3-11　迎新年至尊千元大奖

5. 折扣类活动

折扣类活动是指为了鼓励消费者及早付清货款、大量购买、淡季购买，酌情降低商品或服务的基本价格，这种价格调整叫作价格折扣。

主要内容	活动对象	效果评估方法
• 到店客户凡消费3000元以上即可轮盘抽奖 1 次（抽奖不与工时折扣、礼品赠送并行） • 消费6000元以上即可轮盘抽奖2次（抽奖不与工时折扣、礼品赠送并行）	• 所有捷豹、路虎车主	• 活动响应：参与系列活动的客户人数 • 制作宣传资料的成本及礼品的成本
	活动实施流程	
	• 制定规则 • 告知客户此次活动 • 店内放置活动相关资料 • 活动期间在官方微信上宣传此项活动 • 活动结束后在店内或官网发布活动现场图片	
目的		
• 回馈老客户		

图 3-12　消费满一定金额抽奖

通过对某商品或者服务的直接价格折扣，如 9 折优惠、特价销售等，消费者可以清楚地知道该商品究竟便宜了多少。直接打折的方式能够较强烈地引起消费者的注意，并刺激消费者做出购买决策，使消费者增加购买数量，或者改变购买时间（提前购买）或者增加购买频率。通常，折扣率至少应达到 10%~30%才能对消费者产生影响。它的缺点是容易引起品牌之间的价格战，造成销量提升、利润降低的情况。案例如图 3-13 和图3-14 所示。

主要内容

- 保养维修客户，消费多少，返还10%消费金额
- 所有客户进店均可享受系统商品打折活动

目的

- 回馈老客户

活动对象

- 所有东风日产车主

活动实施流程

- 制定规则
- 告知客户此次活动
- 店内放置活动相关资料
- 活动期间在官方微信上宣传此项活动
- 活动结束后在店内或官网发布活动现场图片

效果评估方法

- 活动响应：进店保养维修的客户人数
- 制作宣传资料的成本及礼品的成本

图 3-13 消费折扣活动

主要内容

- 进店维修保养满2000元送价值500元售后维修保养工时券一张

目的

- 吸引客户进厂维修
- 维护、回馈老客户

活动对象

- 所有宝马车主

活动实施流程

- 制定规则
- 告知客户此次活动
- 店内放置活动相关资料
- 活动期间在官方微信上宣传此项活动
- 活动结束后在店内或官网发布活动现场图片

效果评估方法

- 活动响应：进店维修保养的客户人数
- 制作宣传资料的成本及礼品的成本

图 3-14 满 2000 元送工时券

6. 代金券/积分卡类活动

代金券是商家的一种优惠手段，代金券可以在购物中抵扣等值现金。代金券的本质其实就是优惠券的一种，是一个短期刺激消费者消费的工具，它与积分（长期吸引消费者）刚好构成了日常营销的基本工具。案例如图 3-15 和图 3-16 所示。

主要内容

- 免费加入会员即可即时进行积分
- 多项保养服务优惠
- 底盘装甲，换轮胎以及原厂精品机油享优惠

目的

- 吸引客户入会
- 加强会员优惠制度

活动对象

- 所有丰田汉兰达车主

活动实施流程

- 制定规则
- 告知客户此次活动
- 店内放置活动相关资料
- 活动期间在官方微信上宣传各项具体优惠
- 活动结束后在店内或官网发布活动现场图片

效果评估方法

- 活动响应：加入会员的客户人数及参加此次优惠保养服务的车主
- 制作宣传资料的成本及礼品的成本

图 3-15　入会积分/常规活动

主要内容

- 单车维修/保养满2000元及以上赠1000元修养礼金券
- 单车维修/保养5000元以上赠VIP服务卡一张

目的

- 回馈老客户
- 长期维护客户

活动对象

- 所有沃尔沃车主

活动实施流程

- 制定规则
- 告知客户此次活动
- 店内放置活动相关资料
- 活动期间在官方微信上宣传此项活动
- 活动结束后在店内或官网发布活动现场图片

效果评估方法

- 活动响应：进厂参与单车维修或保养的客户人数
- 制作宣传资料的成本

图 3-16　满额送代金券/VIP 卡

项目四
客户投诉管理

项目导入

　　某维修厂为一辆捷达车更换了缸垫，5 个月后该车行驶过程中出现发动机高温的现象，驾驶员发现发动机温度高，但没有停车，继续行驶了 50km 以上，造成发动机拉缸，缸垫冲坏。维修费用需要 5000 多元，捷达车驾驶员单位领导认为是维修厂的责任，找到维修厂厂长要求免费维修。否则，就将故障车拖走，他们单位的 10 台捷达车再也不到该维修厂维修了。

　　对客户的投诉，维修厂该如何应对？

项目要求

> 了解客户投诉的种类及方式。
> 掌握处理投诉的基本要求。
> 掌握处理投诉的基本原则。
> 掌握处理投诉的技巧。
> 掌握客户投诉的预防。

课时：8 课时

相关知识

一、投诉原因分析

　　在汽车维修企业，即使员工工作非常努力，也无法保证不会发生客户投诉，对投诉要认真分析、迅速处理，避免产生负面影响。

　　1. 客户投诉的种类

　　（1）服务质量。服务客户时，服务态度不良或与客户沟通不够。

　　（2）维修技术。因维修技术欠佳，故障一次或多次未能修好。

　　（3）维修价格。客户认为维修价格比其预估值高出太多。

　　（4）配件质量。由于配件质量差或没通知客户而使用了进口件或副厂件。进口件价格太高客户接受不了，使用副厂件客户认为在欺骗他。

　　（5）维修不及时。在维修过程中，未能及时供应车辆所需配件或维修不熟练，或对维修工作量估计不足又没和客户沟通。

（6）产品质量。如由于设计、制造或装配不良所产生的质量缺陷。这种情况一般发生在特约维修服务的 3S 店、4S 店。

2. 投诉的方式

（1）一般投诉。

① 面对面表示不满。这种客户会将不满直接表达给接待他的人，如业务接待员、结算员、生活接待员等。

② 投诉至维修企业领导处。采用方式一般为电话投诉或直接投诉。

③ 投诉厂家。这种情况一般发生在特约维修服务的 3S 店、4S 店，由于对服务网点的处理不满意，而投诉厂家。

（2）严重投诉或危机。

① 向行业主管部门投诉。此种投诉一般为产品质量问题。

② 向消费者协会投诉。希望消费者协会能帮助他们解决问题。

③ 向电视、广播、报纸等新闻媒体表示不满。

④ 由汽车俱乐部或车主俱乐部出面协商处理。

⑤ 在互联网上发布信息。这样做的目的一是希望引起社会人士的关注，给厂家施加压力；二是如不解决问题，希望此举能给厂家造成负面影响。

⑥ 通过律师打官司。通过法律手段解决其投诉问题。

二、客户投诉应对

（一）投诉处理的基本要求

1. 处理客户投诉的负责人

处理客户投诉的主要负责人是业务接待员、业务经理或服务经理，严重投诉时企业主要负责人应出面处理。除了上述负责人外，企业的其他人员均有责任将客户投诉反映给相关负责人，由客户投诉的负责人处理。一般工作人员，如维修人员、配件保管人员、后勤人员等，不宜直接处理客户投诉。

最适合担任投诉处理的人员是与客户关系良好、思维敏捷的人员，因此，客户投诉的负责人日常就要与客户建立良好的关系。

2. 明确客户的需求

在处理客户投诉或抱怨之前，要再次明确客户进厂维修的需求。客户的需求分为以下两个方面。

（1）实质需要，又称为理性需求，具体包括产品质量好、价格合理和按时交车。

（2）精神需要，又称为感性需求，具体包括感到受欢迎、舒适、被理解和感到自己很重要。

明确客户的需求可以帮助我们了解哪些原因造成客户的不满，并学会主动导引客户心情。

3. 明确客户投诉的主因

（1）不被尊重。客户感觉没有受到应有的尊重，或没有受到与其他人一样的尊重。

（2）与期望相差太大。此种情况一是由于客户与过去的经验作比较（例如价格上的），觉得受到了不平等的待遇；二是由于与客户沟通不够，未经客户同意便增加了维修项目等。

汽车维修企业管理（第2版）

（3）多次不满的积累。累积多次不满而产生抱怨，最终投诉。

（4）受骗的感觉。由于维修厂有意欺瞒而导致客户不满。

4．客户投诉的心理

（1）求发泄。

（2）求尊重。

（3）求赔偿。

5．仪容仪表影响客户心情的因素

仪容仪表很影响客户心情，因此应引起我们的注意。

（1）外表：穿着、精神面貌。

（2）身体语言：眼神、脸部表情、肢体动作。

（3）情绪上的表现：语音、语调。

6．需要专业知识

处理客户投诉或抱怨一定要具备专业知识。处理问题时若说一些外行话，可能进一步激化矛盾。

（二）处理投诉的原则

1．基本原则

（1）先处理心情，再处理事情。

（2）不回避问题。

（3）第一时间处理。

（4）了解客户背景。

（5）找出原因，界定控制范围。

（6）必要时让上级参与，运用团队解决问题。

2．谈判原则

（1）寻求双方认可的服务范围。

（2）不做过度的承诺。

（3）争取双赢。

（4）必要时，坚持原则。

（三）处理投诉的技巧

1．运用身体语言的技巧

（1）正面的信息。

① 表情自然放松。

② 微笑，表示关怀。

③ 交谈或倾听时保持眼神交流。

④ 认真倾听客户的抱怨。

⑤ 自我情绪控制。

⑥ 体验客户的心情。

（2）负面的信息。

① 表情紧张、严肃。

② 交谈或倾听时没有眼神交流。

③ 动作紧张、匆忙。

④ 忽视客户的感觉。

⑤ 打断客户的话，语调激动。

2. 稳定客户情绪的技巧

（1）单独交谈。将情绪不稳定的客户与其他客户隔离，将其请到单独的房间交谈。这样可以稳定客户情绪，有些人越在人多的地方情绪越激动。另外，将情绪不稳定的客户与其他客户隔离也可避免造成负面影响。

（2）真诚地表示歉意。

（3）让客户放松。让客户坐下，给客户倒茶。

（4）不争辩。客户不满意说明维修厂的工作有不完善之处，在客户情绪不稳定时与其争辩，收不到好的效果。这时，更不能将自己的想法强加于客户。

（5）暂时转移一下话题。例如，问一下客户的工作单位、住址等。

3. 与客户交谈的技巧

（1）认真倾听，并表示关怀，让客户感觉到你确实想为他解决问题。

（2）确认投诉的最主要内容。

（3）善用提问发掘客户的不满。

（4）必要时还要认同客户的情感，对其抱怨表示理解。

4. 与客户谈判的技巧

（1）转移法：不作正面答复，以反问的方式提醒客户双方的责任。

（2）递延法：以请示上级为由，争取时间。

（3）否认法：对客户所陈述的情况有明显差异的，应予以否认。

（4）预防法：在预估事情可能要发生时，先予以提醒。

5. 投诉人行为及对策

（1）消极型。

① 消极型的表现：

➢ 态度消极、冷漠；

➢ 使用简单的语言；

➢ 二次来厂率不高。

② 对策：

➢ 表示深切关怀；

➢ 主动告知如何处理；

➢ 挖掘抱怨的原因。

（2）善言型。

① 善言型的表现：

➢ 把遭遇告诉别人；

➢ 坚持己见；

➢ 容易把问题复杂化。

② 对策：

➢ 隔离客户；

➢ 先行认同；

➢ 弄清抱怨主因。

（3）易怒型。

① 易怒型的表现：

➢ 主动告诉他人不满之处；

➢ 语言、语调或肢体语言夸大；

➢ 要求更高层次领导与其交谈。

② 对策：

➢ 隔离客户；

➢ 倾听意见，带着同情心；

➢ 告知已上报其意见。

（4）危险型。

① 危险型的表现：

➢ 语带威胁；

➢ 明确要求赔偿条件；

➢ 可能有其他行动。

② 对策：

➢ 隔离客户；

➢ 提供2～3个解决方案；

➢ 追踪观察。

6. 投诉处理结果

（1）结果公平：投诉处理的结果符合投诉者的期望。

（2）程序公平：投诉处理程序符合国家有关法律、法规。

（3）互动式公平：投诉处理的结果与投诉者的期望不相符，但客户受到了尊重，表示理解。

这里讨论一下项目导入的案例。捷达车驾驶员领导有10台车在该厂维修，因此丢掉客户得不偿失。厂长首先从技术角度分析了事故原因，发现缸垫在这次事故中也损坏了，怀疑是否是缸垫不好，这是一个疑问，需要装好车试验，不过维修厂愿意为此次事故承担一定费用。捷达车驾驶员领导见厂长很有诚意就同意了。车辆维修完毕，厂长和捷达车驾驶员领导一起试车发现该车节温器打不开，原来是节温器损坏造成了发动机冷却液高的故障。捷达车驾驶员领导才知道这次事故并不是维修厂的责任。厂长说"这次维修材料费你们出，工时我们免了。"这样客户付了4000元，最后的结果双方都觉得公平合理。

三、投诉的预防

1. 首问责任制

谁接待的客户由谁负责到底，也称为"一票到底的服务"。

2. 自行抽检

企业从接待、维修、质检到电话跟踪，实行抽检，对发现的问题，及时查找原因，制定对策。一些汽车生产厂家对特约服务站实行的"飞行检查"很值得借鉴。

生产厂家的检查人员在不通知特约服务站的情况下,在某一客户的车辆上设计几个故障,然后由客户开车到服务站检查维护,通过对服务站检查维护效果的检查,来考察服务站的服务规范、服务水平及故障排除能力。生产厂家的检查人员有时也假设一个需救援的车辆,打电话让服务站前去救援,以考察服务站的反应和救援能力。

3. 预警制度

对一些挑剔、要求较高的客户,提前通知各部门,让每个人都提高警惕。

4. 标准工作流程的落实

企业有了标准工作流程,就要抓好落实,人人都按照工作流程行事,就会堵塞漏洞,避免或减少客户投诉。

5. 员工培训

通过培训让员工知道客户投诉也是一件好事,它对企业具有以下促进作用。

(1)不断改进企业的服务系统。

(2)优化企业的工作流程。

(3)完善企业评价体系。

(4)了解客户需求。

通过培训,使员工都认识到不能有如下错误行为。

(1)同客户争吵、争辩。

(2)打断客户讲话,不了解客户关键需求。

(3)批评、讽刺客户,不尊重客户。

(4)强调自己正确,不承认错误。

(5)未了解客户需求时就随意答复客户要求。

(6)员工之间不团结,表达给客户的意见不一致。

实训　处理客户投诉

1. 内容

按照案例内容,学生两人一组,一人扮演客户,另一人扮演经理,处理客户投诉。

案例:

一天,一位气冲冲的客户来到一家汽车 4S 店的售后服务部,直接推开服务经理的门走了进去,说他的车辆维修质量有问题。

客户:你是经理?

经理:是的,您好!您先请坐,您有什么事吗?

客户:我这车子质量有问题,你赶紧给我解决了。

经理:您的车子有什么问题啊,跟我说一下吧。

客户:我这车子油耗一直偏高,别人的同型号车,油耗才 9L 左右,我的车油耗 11L 都不止。上次我过来,你们说是喷油嘴堵塞,忽悠我做了喷油嘴和节气门清洗,花了我好几百块。回去之后还是那样,一点效果也没有。

经理:您先消消气。这样吧,您开着车子咱俩出去转一圈。我先初步看一下车子有没有什么明显的问题,如果看不出来,那咱再用检测设备检测好吧?

客户：那好吧。

经理跟着客户上了车，只见客户一个急加速车子就出了大院，到了路上客户频繁超车变道，遇到红灯也不提前减速，经常紧急制动把车子停下。

经理：先生，我看您开车挺急的啊，您的这种驾驶习惯也是造成油耗偏高的一个重要因素啊。要不这样吧，您去把车子加满油，我再开车带您走一圈，咱大体测一下油耗。

客户：嗯，好的。

客户将油箱的汽油加满，服务经理驾驶着车辆进行了测试。经过测试，经理开车的油耗只有8L多。

客户：看来还真是我驾驶习惯的问题啊。

经理：咱这车子油耗不高吧，以后车子有什么问题您就过来。

客户：嗯，好的，再见。

对客户的投诉，你还有什么好的处理方法？

2．材料

客户投诉记录本一本、桌子一张、椅子两把。

3．素质目标

培养学生具有较强的经营意识、客户意识；培养学生具有很好的团队协作精神和良好的职业素养；培养学生具有较强的事业心和高度的责任感；培养学生具有较强的表达能力、良好的沟通能力。

4．注意事项

（1）能使用礼貌用语，注意仪表仪容。

（2）了解客户投诉的种类及方式；掌握处理投诉的基本要求；掌握处理投诉的基本原则；掌握处理投诉的技巧。

5．评价（见表4-1）

表4-1　　　　　　　　　　　　　　　实训评价表

实训内容	处理客户投诉	姓　　　名		
自评、互评与教师评价				
考核项目	评分标准	分数	学生自评	小组互评	教师评价
小组合作	和谐	5			
活动参与	积极、认真	5			
语言	礼貌、规范	15			
问题提问（回答）	专业性	15			
表达能力	强	15			
沟通能力	强	15			
解决方案	正确、规范	15			
投诉记录	规范、不漏项	5			
开拓能力	灵活、机动、创新	10			
合计		100			
总评（学生自评×20%＋小组互评×20%＋教师评价×60%）					
教师签字：			年　　月　　日		

思考与练习

（1）搜集客户投诉案例并分析客户投诉的种类、方式。

（2）如何处理客户投诉？

（3）怎样预防客户投诉？

知识拓展

一汽丰田的"神秘客户"调查

"神秘客户"调查是指由经过严格培训的调查员（包括签约调查员），在规定的时间里扮演客户，对事先设计好的包括硬件、软件和人员等方面的一系列问题，逐一进行评估或评定的一种调查方式。"神秘客户"以普通客户身份进入指定的全国各地销售卖场中，观察店面的产品，对店面环境、销售人员行为及语言、销售的规范等方面进行暗访，对违规言行和情况可采用录音、拍照甚至录像等方式进行记录，并在店外隐蔽处详细填写调查表。如客户需要，还可以对重点竞争品牌的相关情况进行调查，如暗访、拍照等。

"神秘客户"调查的流程包括确定调查内容、培训调查员、展开调查、过程监督纠正、收集问卷、检验审核、录入汇总问卷、分析并撰写报告等。其可作为渠道研究、满意度调查、使用习惯和态度调查等项目的辅助调查，也可独立开展。"神秘客户"调查属于观测调研范畴，同时又具有入户访问的一些特点，和普通培训评估相比有很多的特殊性，要想实现"神秘客户"调查项目的研究目标，必须有针对性地进行项目设计与实施。

"神秘客户"调查主要是为了解决企业面临的两个难题。一是销售终端管理难。企业对分布在各个城市的卖场无法由总部直接掌控。在执行层层分级管理的体制后，总部往往难以制约企业在各地区的派出机构，常见的问题如促销员的管理费用、卖场柜台灯箱费用等难以控制，甚至出现虚报、瞒报费用的情况。此外还存在企业重金制定的 Logo、标准字、标准色等企业形象识别（CI）规则被随意更改的情况，不利于企业品牌形象的树立。二是促销活动执行难。企业总部精心规划的各种促销活动，到了各地卖场往往变形走样，如主推产品不如过期处理品更受重视、重点商品价格不统一、赠品不统一等问题，如此种种都影响到了企业的全盘计划。总部往往只能根据各地上报的报表来处理问题，非常被动和盲目。而总部派员出差视察，则存在人情关系干扰、人手精力有限、各地事先有准备应付视察等情况，导致无法获得最真实的信息。

而"神秘客户"在对受测对象的检测中，是以第三方身份出现的，这样可以保证检测过程和检测结果的客观性、公正性、保密性。"神秘客户"调查是一个监督执行的项目，一个好的"神秘客户"调查项目对于企业加强销售人员培训、完善卖场管理，有立竿见影的效果。往往通过一到两个月的全国范围内的"神秘客户"调查，即会对卖场管理有较大改观。"神秘客户"调查的产出不仅仅是奖勤罚懒，同时还可以通过汇总特定城市特定地区的零售卖场表现来调整企业的下一步行动计划。例如，当发现某个地区的促销人员产品知识薄弱时，及时的产品培训会对销售起到助推作用。

下面介绍一下一汽丰田的某次"神秘客户"调查。

1. 调查对象

本次调查样本分布在全国 29 个省（自治区、直辖市）的 78 个城市，所调查对象均以一汽丰田提供的特约经销商名单为准，共计 197 家店。

2. 调查时间

本次"神秘客户"（维修）项目分为上、下半年两期执行，每期执行须将每家店检测一次，且每家店的两期检测时间需间隔一个月以上。第一期执行时间为 5 月 25 日—7 月 25 日，第二期执行时间为 10 月 25 日—12 月 15 日。

3. 样本量

本期"神秘客户"（维修）项目样本量为 197 个。

4. 调查方法

（1）甄别。参与本次"神秘客户"（维修）项目的"神秘客户"需满足以下几个条件。

① 家人、亲朋好友没有在汽车及调研相关行业工作的。

② 不认识维修站的工作人员。

③ 拥有一汽丰田品牌的任意一款汽车（威驰、花冠、特锐、陆地巡洋舰、PRADO、皇冠等）。

④ 在所调查城市居住半年以上。

⑤ 愿意参加此次调查并通过考核。

（2）邀约。电话邀约"神秘客户"，再次复核甄别条件，与符合条件的"神秘客户"约定培训时间及地点，对于不符合条件的客户礼貌道谢。

（3）培训。与"神秘客户"见面后，当面核实其身份证、驾照及行驶证，确保其身份的真实性；与"神秘客户"签订"'神秘客户'保密协议"；发放"'神秘客户'（维修）考察要素表"，由陪访督导进行讲解，并强调注意事项，确保身份的保密性。

（4）"神秘客户"考核。培训结束后，发放"'神秘客户'（维修）考核问卷"，当场对"神秘客户"进行考核，只有得分在 90 分以上的客户才可以参加正式调查，对于不合格的进行再培训或淘汰。

（5）实地调查。陪访督导陪同"神秘客户"一同进入指定的维修站进行调查，以普通消费者的身份进入店内，在店内需保持举止自然，注意不能暴露身份，且在店内停留时间不得少于 40min。

（6）填写问卷。请"神秘客户"根据在维修站的经历，完成"'神秘客户'（维修）研究问卷"。填写时由陪访督导提出问题并记录。

（7）审核。填写问卷结束后由陪访督导当场对回收的问卷进行初步审核，发现问题及时纠正；问卷寄回总部后由研究员对问卷进行二次审核。

（8）数据处理。对复核过的问卷进行审核入库，使用专门的统计软件进行数据处理和分析。

（9）撰写报告。在数据分析结果的基础上撰写"'神秘客户'（维修）研究报告"。

项目五
6S 管理

项目导入

有两家修理厂，一家厂区标识清楚，客户休息室舒适、明亮，员工穿着整洁的工作服，工作现场物品摆放整齐，地面清洁，客户车上使用四件套，作业时修理工使用翼子板保护罩。另一家修理厂厂区没有标识，客户找半天找不到，办公用品摆放杂乱，业务接待处喧闹嘈杂，工作现场配件、废料、工具、旧件等物品堆积，地面油污、尘土没人打扫，作业时修理工不使用翼子板保护罩。

假若你是客户，你会选择哪一家？回答肯定是，第一家。那么如何创建一个环境优美、管理有序、员工状态优良的汽车维修企业呢？

项目要求

➢ 掌握 6S 管理的内容。

➢ 熟悉 6S 管理的作用。

➢ 熟悉 6S 管理实施规范及应注意的问题。

➢ 掌握 6S 管理实施的场所、步骤及方法。

课时：6 课时

相关知识

一、6S 的内容及相互关系

6S 由日本企业的 5S 扩展而来，是现代工厂行之有效的现场管理理念和方法。6S 的本质是一种有执行力的企业文化，强调纪律性的文化，不怕困难，想到做到，做到做好。基础性的 6S 工作落实，能为其他管理活动提供优质的管理平台。

1. 6S 的内容

整理（Seiri）——将工作场所的所有物品区分为有必要和没有必要的，有必要的留下来，其他的都清除掉。目的：腾出空间，活用空间，防止误用，塑造清爽的工作场所。

整顿（Seiton）——把留下来的必要物品依规定位置摆放整齐，并加以标识。目的：使工作场所一目了然，缩短寻找物品的时间，保持整整齐齐的工作环境，消除过多的积压物品。

清扫（Seiso）——将工作场所内所有的地方清扫干净，保持工作场所干净、整洁。目的：稳定品质，减少工业伤害。

清洁（Seiketsu）——将整理、整顿、清扫进行到底，并且制度化，使环境保持美观整洁的状态。目的：创造明朗现场，维持前面3S的成果。

素养（Shitsuke）——每位成员养成良好的习惯，并遵守规则做事，培养积极主动的精神（也称习惯性）。目的：培养有好习惯、遵守规则的员工，营造团队精神。

安全（Security）——重视成员安全教育，每时每刻都有安全第一的观念，防患于未然。目的：建立起安全生产的环境，所有的工作都应在安全的前提下进行。

用以下简短的语句来描述6S，也能方便记忆。

整理：要与不要，一留一弃；

整顿：科学布局，取用快捷；

清扫：清除垃圾，美化环境；

清洁：形成制度，贯彻到底；

素养：养成习惯，以人为本；

安全：安全操作，生命第一。

因前5项内容的日文罗马标注发音和后一项内容（安全）的英文单词都以“S”开头，所以简称6S。

2. 6S的相互关系

6S之间彼此关联：整理、整顿、清扫是具体内容；清洁是指将前面的3S的做法制度化、规范化，并贯彻执行及维持结果；素养是指使每位员工养成良好的习惯，并遵守规则做事，开展6S容易，但长时间维持必须靠素养的提升；安全是基础，要尊重生命，杜绝违章。

二、6S管理的作用

客户到一个环境优美、管理有序、员工状态良好的汽车维修企业，首先就会产生好感，对这家企业会产生初步的信任，会愿意同这样的企业进行合作。这些只是表面能看到的6S管理的效果，归纳起来6S管理具有以下作用。

1. 提升企业形象

（1）整洁的工作环境，饱满的工作情绪，有序的管理方法，使客户产生一定的信任，容易吸引客户。

（2）6S做得好，老客户会不断地免费进行宣传，会吸引来更多的新客户。

（3）在客户、同行、员工的亲朋好友中相传，产生吸引力，吸引更多的优秀人才加入企业。

2. 营造团队精神，创造良好的企业文化，加强员工的归属感

（1）共同的目标拉近员工的距离，建立团队精神。

（2）容易带动员工积极上进的精神面貌。

（3）取得良好的效果，员工对自己的工作有一定的成就感。

（4）员工们养成了良好的习惯，容易创造良好的企业文化。

3. 提高工作效率，减少浪费，降低成本

（1）经常习惯性地整理、整顿，不需要专职整理人员，减少了人力。

（2）对物品进行规划分区，分类摆放，减少了场所的浪费。

（3）物品分区分类摆放整齐，标识清楚，找物品的时间短，工作效率自然就提高了。

（4）减少人力、减少场所、节约时间就是降低成本。

4. 保障工作质量

员工养成认真工作的习惯，做任何事情都一丝不苟，不马虎，工作质量自然有保障。

5. 改善情绪

（1）清洁、整齐、优美的环境会给人带来美好的心情，员工工作起来更认真。

（2）上级、同事、下级谈吐有礼、举止文明，给员工一种被尊重的感觉，容易融入这种大家庭的氛围中。

（3）工作环境优美，工作氛围融洽，员工的工作自然得心应手。

6. 保证生产安全

（1）工作场所宽敞明亮，通道畅通。

（2）不随意摆放、丢弃物品，墙上不悬挂危险品，这些都会使员工人身安全、企业财产安全有相应的保障。

三、6S 管理实施应注意的问题

6S 管理推行容易，在较短的时间内就可收到明显的效果，但要坚持下去，持之以恒，不断改进，却不容易。很多企业实行过 6S 管理，但不少半途而废。

在开展 6S 管理的过程中，要始终贯彻自主管理和优化管理的原则，从我做起，从优化做起，并注意以下问题。

（1）6S 管理要长期坚持，整理、整顿不能平日不做，而靠临时突击将物品整理摆放一下；良好的工作环境，不能靠购置几件新设备、刷刷墙面来创造；素养形成更不能靠一个会议解决问题。

（2）6S 管理要依靠全体员工自己动手，持之以恒来实施，并在实施过程中不断培养全体员工的 6S 意识，提高 6S 管理水平。

四、6S 管理实施的场所

6S 管理实施的场所包括企业的每一个工作场所，主要有如下几类。

（1）厂区。

（2）办公室。

（3）生产车间。

（4）仓库。

（5）工具库。

（6）其他地方（包括宿舍、餐厅、停车场等）。

五、6S 管理实施的步骤

6S 管理的实施主要有以下几个步骤。

1. 成立组织

企业领导必须重视此项工作，把 6S 管理纳入议事日程，企业最高负责人任组长，车间、配件、服务主管任组员，可根据需要设立副组长或秘书。小组主要负责如下工作。

（1）制定 6S 管理推行的方针、目标。

（2）制订 6S 管理推行的日程计划和工作方法。

（3）负责 6S 管理推行过程中的培训工作。

（4）负责 6S 管理推行中的考核及检查工作。

2．制定 6S 管理规范、标准和制度

成立组织后，要制定 6S 管理规范及激励措施。根据企业的实际情况制定发展目标，组织基层管理人员进行调查和讨论，建立合理的规范和激励措施。制定工作场所必要物品定位标准、工作场所清扫标准和清洁制度、检查考评制度、岗位责任制和奖惩条例等。

3．宣传和培训工作

很多人认为维修工作的重点是质量和服务，将人力放在 6S 管理上，纯粹是在浪费时间；或认为工作太忙，6S 管理是劳民伤财；或认为 6S 管理是领导的事，与自己无关等。因此，要推行 6S 管理，就应做好宣传和培训工作。宣传和培训包括如下内容。

（1）6S 管理基本知识，各种 6S 管理规范。

（2）为什么要推行 6S 管理，6S 管理有什么作用。

（3）推行 6S 管理与企业、与个人有什么关系。

（4）将 6S 管理推行目标、竞赛办法分期在宣传栏中刊出。

（5）将宣传口号制成标语，在各部门显著位置张贴宣传。

（6）举办一些内容丰富的活动，如编辑一些对 6S 管理有教育意义的结合实践的节目，举办 6S 管理知识问答比赛等。

宣传和培训的对象是全体干部和员工，可采取逐级培训的方式进行培训。

4．推行

（1）由最高管理层做总动员，企业正式执行 6S 管理各项规范，各办公室、车间、货仓等对照适用于本场所的 6S 管理规范严格执行，各部门人员都清楚了解 6S 管理规范，并按照规范严格要求自身行为。

（2）此阶段为实施 6S 管理的实质性阶段，推行的具体办法可以是样板单位示范办法，选择一个部门作为示范部门，然后逐步推广；也可以分阶段或分片实施，按时间分段或按位置分片区的办法；还可以按 6S 管理区域责任和个人责任制的办法。

5．实施

（1）整理。区分需要使用和不需要使用的物品。主要有工作区及货仓的物品，办公桌、文件柜的物品、文件、资料等，生产现场的物品。对于经常使用的物品，放置于工作场所近处；对于不经常使用的物品，放置于储存室或仓库；不能用或不再使用的物品，作废弃处理。

（2）整顿。清理掉无用的物品后，将有用的物品分区分类定点摆放好，并做好相应的标识。方法如下：清理无用品，腾出空间，规划场所；规划放置方法；物品摆放整齐；物品贴上相应的标识。

（3）清扫。将工作场所打扫干净，远离污染源。方法是将地面、墙面、天花板等处打扫干净，将机器设备、工模夹制具清理干净，将有污染的物品处理好。

（4）清洁。保持整理、整顿、清扫的成果，并进行监督检查。

（5）素养。人人养成遵守 6S 管理的习惯，时时刻刻记住 6S 管理规范，建立良好的企业文化，使 6S 管理活动更注重实质，而不流于形式。

（6）安全。制订安全培训教育计划，排除设备存在的隐患，培养员工安全生产的良好习惯。

6. 检查

检查分为定期检查和非定期检查。

（1）定期检查。

① 日检：由各部门主管负责，组织班组长利用每天下班前的 10min 对辖区进行 6S 管理规范检查，重点是整理和清扫。

② 周检：由各部门经理负责，组织主管利用周末下班前的 30min，对辖区进行 6S 管理规范检查，重点是清洁和素养。

③ 月检：由总经理牵头，组织部门经理利用月底最后一个下午，对全厂进行 6S 管理规范检查。

（2）非定期检查。一般是企业中、上层在维修工作繁忙，或接到客户、员工投诉或下情上传的渠道受阻时，临时对基层进行的 6S 管理规范检查。

以上检查，不论是定期的还是不定期的，都必须认真做好记录，及时上报和反馈，与 6S 管理标准比较，凡不合格项必须发出整改通知，限期整改验收。

7. 考核

（1）早会考评。利用每天上午上班前的早会时间，简明扼要地对前一天或前一周 6S 管理规范检查情况进行小结，表扬做得好的，指出存在的问题和改进方法。

（2）板报考评。利用统计图表，鲜明直观地将每天、每周、每月的检查评比结果公布于众，让每个员工都知道自己所在的部门、班组的 6S 管理做得是好还是差。

（3）例会考评。利用每周或每月的生产例会，把 6S 管理规范检查的结果作为一个议题在会上进行讲评，重点是树立典型，推广经验，解决带普遍性或倾向性的问题，提出下周或下月 6S 管理活动的重点和目标。

（4）客户考评。利用客户问卷表、座谈会、意见箱等形式广泛收集、征求客户对本企业 6S 管理活动的意见，让客户来考评哪个部门、班组做得好，哪个部门、班组做得差。

（5）奖惩考评。按 6S 管理奖惩制度，对 6S 管理做得好的部门、班组或个人进行表扬和奖励，对做得差的进行批评和处罚。并把 6S 管理活动的考评结果与员工的加薪、晋级和聘用直接挂钩。

8. 6S 管理实施中常见的问题

习惯是相当难以改正的，在执行的过程中，容易碰到以下问题。

（1）6S 管理规范制定得不太完整。

（2）检查时仅作一些形式上的应付。

（3）借口工作太忙不认真执行规范。

（4）检查完毕后又恢复原样。

9. 坚持 PDCA 循环，不断提高 6S 管理水平

所谓 PDCA 循环又称戴明循环，是质量管理的基本方法之一。PDCA 循环也就是"计划（Plan）""执行（Do）""检查（Check）"和"处理（Act）"循环，其主要特点是循环是转动的，每转动一周就提高一步。6S 管理活动的目的是要不断改善生产现场。6S 管理活动的坚持不可能总在同一水平上徘徊，而是要通过检查，不断发现问题，不断解决问题，要在不断提高中去坚持。因此，在推行 6S 管理活动后，要检查，要考评，要针对存在的问题和企业发展的需要，提出改进的措施和计划，并组织实施，通过 PDCA 循环，使 6S 管理活动得以坚持和不断提高。

六、6S 管理实施的办法

1. 检查表

（1）根据不同的场所制定不同的检查表，即不同的 6S 管理规范，如"车间检查表""货仓检查表""厂区检查表""办公室检查表""宿舍检查表"等。

（2）依据检查表，进行定期或不定期的检查，发现问题，及时采取措施纠正。

2. 红色标签战略

制作一批红色标签，红色标签上的不合格项有整理不合格、整顿不合格、清洁不合格，配合检查表一起使用，对 6S 管理活动中不合格的物品贴上红色标签，限期改正，并且做好记录。企业内分部门，部门内分个人绘制"红色标签比例图"，时刻起警示作用。

3. 目标管理

目标管理一看便知，一眼就能识别，在 6S 管理实施时使用，效果也不错。

七、6S 管理规范表

6S 管理的一些具体规范见表 5-1。

表 5-1　　　　　　　　　　　　　　　6S 管理规范表

序　号	项　目	规　范　内　容
1	整理	工作现场物品（如旧件、垃圾）区分要用的与不用的，定时清理
2		物料架、工具柜、工具台、工具车等正确使用与定时清理
3		办公桌面及抽屉定时清理
4		配件、废料、余料等分类放置整齐
5		量具、工具等正确使用，摆放整齐
6		车间不摆放不必要的物品、工具
7		将不立即需要（3 天以上）的资料、工具等放置好
1	整顿	物品摆放整齐
2		资料、档案分类整理归入卷宗、储放柜
3		办公桌、会议桌、茶具等定位摆放
4		工具车、工作台、仪器、废油桶等定位摆放
5		短期生产不用的物品，收拾定位
6		作业场所予以划分，并加注场所名称，如工作区、待修区
7		抹布、手套、扫帚、拖把等定位摆放
8		通道、走道保持畅通，通道内不得摆放任何物品
9		所有生产使用的工具、零件定位摆放
10		划定位置收藏不良品、破损品及使用频度低的物品，并标识清楚
11		易燃物品定位摆放
12		计算机电缆绑扎好、不凌乱
13		消防器材要容易拿取

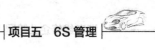

序 号	项 目	规 范 内 容
1	清扫	地面、墙壁、天花板、门窗清扫干净，无灰尘
2		定期销毁过期文件、档案
3		定时清理或更换公布栏、记事栏内容
4		下班前，打扫和收拾物品
5		扫除纸屑、烟蒂、塑料袋、破布
6		及时清洁工具车、工作台、仪器
7		随时清理废料、余料、待料
8		及时清理地面、作业区的油污
1	清洁	随时保持工作环境整洁干净
2		保持设备、工具、工作台、办公桌等干净无杂物
3		花盆、花坛保持清洁
4		地面、门窗、墙壁保持清洁
5		修补墙壁油漆剥落或地上划线油漆剥落
1	素养	遵守作息时间，不迟到、早退、无故缺席
2		工作态度端正
3		服装穿戴整齐，不穿拖鞋
4		不在工作场所干与工作无关的事情
5		时间观念强
6		使用公物时，用后保证能归位，并保持清洁
7		使用礼貌用语
8		礼貌待客
9		遵守厂规厂纪
1	安全	维修通道畅通，不停放车辆
2		消防设施良好
3		设备安全保护装置良好
4		员工无违章作业现象
5		使用举升机和千斤顶时支撑牢靠
6		电线无裸露，插座无破损
7		汽车烤漆房不堆放油漆、稀释剂等危险品及其他易燃品
8		危险品存放于专用区域

实训　6S 管理规范检查

1. 内容

指导老师在车间设置 6S 管理规范检查项目，学生四人分为两组，一组扮演作业者，另一组扮演检查员。检查员要列出规范项目和不规范项目，对不规范项目提出整改措施并做前后对比，说出 6S 管理的优点。

2. 材料

6S 管理规范检查表见表 5-1。

3. 素质目标

培养学生具有较强的 6S 管理意识，具有很好的团队协作精神和良好的职业素养，具有较强的事业心和高度的责任感，具有较强的观察问题和解决问题的能力。

4. 注意事项

（1）语言规范，动作得体。

（2）检查各项目，确保项目齐全、无漏项。

（3）改进建议可行、合理。

5. 评价（见表 5-2）

表 5-2 实训评价表

实训内容	6S 管理规范检查		姓　　名		
自评、互评与教师评价					
考核项目	评分标准	分数	学生自评	小组互评	教师评价
小组合作	和谐	5			
活动参与	积极、认真	5			
语言	礼貌、规范	5			
着装	整洁、整齐	5			
动作	规范、有礼	5			
问题提问（回答）	专业性	15			
表达能力	强	10			
沟通能力	强	10			
检查项目	全面、无漏项	15			
改进建议	正确、规范	10			
检查单填写	规范、不漏项	5			
开拓能力	灵活、机动、创新	10			
合计		100			
总评（学生自评×20% + 小组互评×20% + 教师评价×60%）					
教师签字：			年　　月　　日		

思考与练习

（1）理解 6S 管理的优点、精髓及实施原则。

（2）根据 6S 实施步骤制订一个维修厂的 6S 管理实施方案。

（3）设计一个实训室的 6S 管理规范检查表和考核表。

知识拓展

一、某汽车 4S 店售后服务部 6S 管理实施前后对比

（一）整理：清理杂乱（要与不要，一留一弃）

1. 意义

将要的与不要的物品加以区分，工作场所不摆放不需要的物品。

2. 原则

不要的物品立即处理。

3. 方法

（1）对现场进行全面检查，将要的与不要的物品加以明确界定，见表 5-3。

表 5-3　　　　　　　　　　　　　要的与不要的物品的界定及处理方式

使 用 频 率	次　　　数	处 理 方 式
高（经常使用）	每小时使用 每天至少使用一次 每周至少使用一次	放在作业区附近或身边（由个人保管）
平均（偶尔使用）	一个月使用 1～2 次 2～6 个月使用 1～2 次	放在一个固定区域如工具室（统一保管）
低（很少使用）	一年使用 1～2 次 或一年也用不到 1 次	放在仓库内归还原保管单位或放在较远的地方 （由专人负责）
无（从来不用）	已经无法使用的物品或被淘汰的旧物	丢弃或报废（依企业规定处理）

（2）进行整理时当场做判断，立即处理，不拖拉，不犹豫。

（3）不要的物品不带进工作场所，或设立放置不要物品的存放场所。

4. 目的

通过整理，处理不要的物品，腾出空间。

5. 实施前后对比

整理前和整理后的局部区域分别如图 5-1 和图 5-2 所示。

图 5-1　整理前的局部区域　　　　　　　图 5-2　整理后的局部区域

整理前和整理后的库房局部分别如图 5-3 和图 5-4 所示。

图 5-3　整理前的库房局部　　　　　　　图 5-4　整理后的库房局部

（二）整顿：定位定容（科学布局，取用快捷）

1. 意义

将要的物品适当摆放，并做标识，员工取放方便，以建立良好工作环境，提高工作效率。

2. 原则

建立功能性的放置地点后并加标识，避免因找东西而浪费时间的情况。

3. 方法

（1）现场规划：摆放必要物品（最低数量）并做标识。

（2）决定物品放置场所：要便于取放，靠近作业处。

（3）决定物品放置方法：架子、箱子、工具栏存放以及悬吊等方式。

（4）整顿三要素：场所、放置方法、标识方法。

（5）整顿三原则：定位、定容、定量。

4. 目的

通过整顿，物品定置存放，取用方便，工作场所一目了然，避免因找寻物品而浪费时间的情况。

5. 实施前后对比

整顿前和整顿后的库房局部分别如图 5-5 和图 5-6 所示。

图 5-5　整顿前的库房局部　　　　　　　图 5-6　整顿后的库房局部

整顿前和整顿后的工具库分别如图 5-7 和图 5-8 所示。

图 5-7　整顿前的工具库　　　　　　　图 5-8　整顿后的工具库

（三）清扫：无污无尘（清除垃圾，美化环境）

1. 意义

经常打扫，常保清洁，使工作场所保持无垃圾、无污秽的状态。

2. 原则

找出脏乱根源并彻底消除，以便取出的物品不被污染，能够使用。

3. 方法

（1）清除污秽，保持物品在最佳可用状态。

（2）清扫中发现不良的地方，立即予以整修。

（3）追查污秽的根源，从源头根除。

（4）制定清扫基准，大家共同遵守实施。

4. 目的

通过清扫保持岗位与物品干净，塑造高效工作场所。

5. 实施前后对比

清扫前的工作车间如图 5-9 所示。

图5-9 清扫前的工作车间

清扫后工作车间分别如图 5-10、图 5-11、图 5-12 和图 5-13 所示。

（四）清洁：保持清洁（形成制度，贯彻到底）

1. 意义

将整理、整顿、清扫的工作执行到底，以维持和巩固其成果，成为企业制度。

2. 原则

明确界定标准化与正确工作程序，建立目视管理系统。

3. 方法

（1）定期考核：维持整洁与有效的工作环境。

图 5-10 清扫后的工作车间（1）

图 5-11 清扫后的工作车间（2）

图 5-12 清扫后的工作车间（3）

图 5-13 清扫后的工作车间（4）

（2）不断探讨与完善标准化制度。

（3）明确告知全体员工，推行 6S 管理的动机与现状。

4. 目的

通过清洁，创造明朗、清爽与舒适的工作环境，提升企业形象。

5. 实施前后对比

清洁前，工具杂乱堆积在工具箱内，工具上沾有油污，工作时找工具要花费很长时间。

清洁后的工具箱如图 5-14 所示。

图 5-14　清洁后的工具箱

（五）素养：遵守规范（落实执行，养成习惯）

1. 意义

让每位员工都能自觉遵守 6S 管理规范，并养成把 6S 管理规范作为日常生活与工作的良好习惯。

2. 原则

持续考核，让员工能发自内心遵守规定，并以正确方法去实施。

3. 方法

（1）通过不断宣导、考核与激励等措施，使 6S 管理的推行能持续下去。

（2）工作场所中规定的事项，员工都能遵守且正确去实施。

（3）积极认真，敬业乐业，营造良好的团队精神。

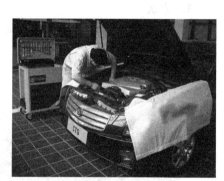

图 5-15　使用车辆保护装置

4. 目的

使员工养成遵守 6S 管理的良好工作习惯，取得客户信赖，使客户满意。

5. 实施前后对比

改善前，员工不使用车辆保护装置，经常划伤车漆，引起客户不满。改善后如图 5-15 所示。

（六）安全：遵守规范（落实执行，养成习惯）

1. 意义

让每位员工都能自觉遵守安全操作的规章制度，养成良好的设备使用习惯，保证人身安全。

2. 原则

通过持续考核养成习惯，并以正确方法去实施。

3. 方法

（1）制定严格的安全操作规章制度，通过不断地宣导、考核与激励等措施，使员工能够安全操作，保证人身安全。

（2）工作场所中规定的事项，员工都能遵守且正确去实施。

4. 目的

养成遵守 6S 管理的良好工作习惯，提高工作效率，保证人身安全。

5. 实施前后对比

实施 6S 管理前，设备无责任人，如图 5-16 所示。

实施 6S 管理后，设备有专门责任人负责，如图 5-17 所示。

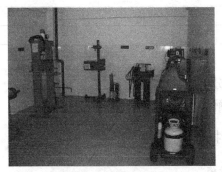

图 5-16 设备无责任人　　　　　　图 5-17 设备有专门责任人负责

实施 6S 管理前，乱拉电线，设备乱放，无定位，如图 5-18 所示。

实施 6S 管理后如图 5-19 所示。

图 5-18 实施 6S 管理前的某局部场所　　　图 5-19 实施 6S 管理后的某局部场所

二、推动 6S 管理的工具

将信息转化成图表、照片、标志，再加上文字说明，使员工能容易明白所传达的内容。

1. 看板管理

（1）物品经过标识，使工作场所一目了然，易于取放。

（2）放置场所的标识与品目的标识。

（3）其他：6S 管理看板、颜色标识、人员动态标识等。

2. 定点照相

（1）利用相机作定点定向拍照，在公布栏张贴展示改善前后的照片。

（2）将工作场所中发现的缺失进行拍照，作为展示和检讨的题材。

（3）现场缺失包括作业、设备、流程与工作方法的缺失，都可用照片的方式进行展示。

3. 红单作战

（1）使用张贴红单（见表 5-4）方式，让人一目了然知道缺点在哪里。

（2）填写红单，贴于问题发生处，要求改善。

（3）贴红单对象包括机具、设备、空间、库存等。

表5-4　　　　　　红单表＿＿＿＿＿＿＿＿　　　填表人＿＿＿＿＿＿＿＿　　　　日期＿＿＿＿＿＿＿

责任单位		贴示地点	
需改善事项			
处理方法			
改善期限		审核	
备注			

4. 颜色管理

（1）将复杂管理问题转化成不同色彩，区分不同程度。

（2）使每一个人对问题有相同的认识和了解。

三、维修生产中的不安全因素及安全措施

1. 与维修场地有关的不安全因素及安全措施

对维修车间的一般要求如下。

（1）维修企业建筑布局合理，维修车间与员工宿舍有一定的安全距离并在建设时考虑留下便于消防车进出的通道。

（2）维修车间的平面布局合理，维修工位和车辆通道有合理的搭配，使维修车辆进出方便。

（3）对安全设施进行验收合格后，方可投入生产和使用。

（4）每个维修工位要有足够的面积和高度，一般轿车维修工位的面积不小于 $4m \times 7m$，高度不小于 $4m$。

（5）维修车间的通风应良好。机修车间如果需要应配备专用汽车尾气排放设备。喷漆车间应有专用的通风装置。

（6）维修车间采光应良好，灯光应齐全，达到一定亮度，避免出现死角。

（7）维修车间的地面应采用水泥或水磨石，不要采用光滑的瓷砖地面。

（8）维修车间的车辆通道上不要停放车辆，不要摆放任何物品。

（9）维修车间的消防设施应齐全良好。

（10）维修车间应有合理的给排水系统。

（11）对于面积较大的维修车间还应设有可供人员逃生的紧急疏散安全通道。

> **案例**：H修理厂厂房面积很大，但没有划分作业区域。一天，一位维修工在车间的通道内躺在地上修车，一位检验员倒车时没注意躺在地上的修理工，结果车轮轧在修理工的一条腿上，造成修理工粉碎性骨折。像这种通道维修造成的事故在全国有很多，因此应引起每一位修理厂管理人员的注意。

2. 与维修人员有关的不安全因素及安全措施

（1）维修企业的特种作业人员，必须按国家的有关规定经专门的安全作业培训，取得特种作业操作资格证书后，方可上岗作业。

（2）维修企业应当教育和督促全体人员严格执行本单位的安全生产规章制度和安全操作规程，并向全体员工如实告知作业场所和工作岗位存在的危险因素、防范措施以及事故应急

措施。

（3）维修企业与维修人员订立的劳动合同，应当写明有关保障从业人员劳动安全、防止职业危害的事项，以及依法为从业人员办理工伤社会保险的事项。

（4）维修人员应了解其作业场所和工作岗位存在的危险因素、防范措施以及事故应急措施，并及时对维修企业的安全生产工作提出建议。

（5）维修人员在维修作业过程中，应严格遵守本企业的安全生产规章制度和操作规程，服从管理，正确使用劳动防护用品。

（6）维修人员应接受安全生产教育和培训，掌握安全生产知识，提高安全意识，增强事故预防和应急处理能力。

（7）维修人员发现事故隐患或不安全因素，应及时向现场管理人员汇报，接到报告的人员应及时处理。

（8）企业管理人员不得违章指挥，不能违反安全生产法律、法规，侵犯维修人员合法利益。

> **案例**：G修理厂是当地一家很有名的汽修厂，经营业绩很好。一天，一个员工在使用汽油对油泵进行试验时，由于油泵接线柱产生火花，引起油箱里的汽油燃烧，而现场没有放置灭火器，等员工从远处拿来灭火器时，火势已不可控制，当场将一辆凯迪拉克轿车烧毁，大半厂房化为灰烬，损失惨重。从此，这家企业一蹶不振。

3. 与维修设备有关的不安全因素及安全措施

（1）维修企业必须对安全设备进行经常性维护，并定期检测，保证设备正常运行。

（2）对危及生产安全的工具、设备应当停止使用、及时淘汰。

（3）选购设备时应优先考虑是否配置有自动控制安全保护装置，如汽车举升机的自锁防坠落装置，轮胎平衡机的安全防护罩等。

（4）维修车间的设备应布置有序，各设备使用时不得有相互干涉现象。

（5）各设备的总用电量应小于维修车间设计的用电容量，以防发生火灾。

> **案例**：某汽车维修厂的烤漆工在烤漆房内乱拉电线，导致在一次喷漆时，因线路短路引起大火，大火将烤漆房内一台皇冠车烧毁，幸亏消防队及时赶到才避免了损失的扩大。但是，即便如此，这次火灾也使企业损失了50多万元。

4. 与维修操作过程有关的不安全因素及安全措施

（1）维修手册中规定的安全注意事项和操作规程，要求维修人员都要熟知并严格遵守。

（2）当进行车辆检修时，要拔下点火钥匙，以防他人起动车辆。

（3）检修电喷发动机的供油系统时，必须先对油路进行泄压处理，以防汽油泄漏飞溅到漏电的高压线或高温物体上引起燃烧。

（4）发动机温度高时，不可拧开散热器盖，以防有压力的高温冷却液烫伤人员。

（5）制动系统放气时，应在放气螺栓上接上专用的储液瓶，以防制动液飞溅损伤眼睛或飞溅到轮胎、油漆上，造成损失。制动系统维修后应进行制动系统放气或踩几下制动踏板，当制动踏板高度合适时方可挂挡行驶。

（6）检修安全气囊时必须断开蓄电池负极线，拆装安全气囊时必须轻拿轻放。

（7）检修汽车电路时，不可乱拉电线。对于经常烧断熔丝的故障，应查明故障原因，不可贸然换上大容量的熔丝或用铜丝代替熔丝。

（8）在烤漆房烤漆时，汽车烤漆的时间一般为 30～40min，温度一般为 60～70℃，防止时间过长或温度过高引起车用计算机损坏或线路老化。

（9）对车身进行电焊作业时，应断开蓄电池负极，以防损坏车用计算机。

5. 与维修车辆试车或移动有关的不安全因素及安全措施

（1）维修车辆试车或移动时，应有专门的规定，从制度上消除不安全因素。

（2）维修车辆试车或移动应由安全意识和驾驶技术好的人员担任，不允许未经批准的人员随意移动车辆或试车。

（3）维修车间进行规划设计时应考虑车辆的专用通道、车辆的移动路线并设置必要的限速牌、转弯处的反光镜等交通设施。

案例： 维修企业都有规章制度规定未经允许不得私自使用客户车辆。可 B 企业的维修工小 M 刚参加工作，对开车很感兴趣，经常偷偷摸摸地学开车。这天，大客户张先生的皇冠轿车来厂维修。修理完毕后，车停在竣工处。小 M 趁人不备，钻进驾驶室启动汽车。这时，对面突然驶来一辆汽车，他急忙踩制动踏板，谁知由于紧张，竟把加速踏板当制动踏板，结果车速急剧提升，小 M 忙打转向盘躲过了来车，皇冠车却重重撞在墙上，损失 3 万多元。大客户张先生非常生气，要求维修厂赔他一辆新车。小 M 苦苦哀求，最后修理厂花钱将车修好，并赔付张先生 2 万元。小 M 被开除，张先生再也不愿将他的车开到管理不善的该厂来修了。

---

6. 与危险品有关的不安全因素及安全措施

（1）汽车维修企业的危险品主要有汽油、柴油、燃油添加剂、发动机油、变速器油、制动液、油漆、稀释剂、乙炔气等。

（2）危险品应存放于专用的危险品仓库，且由专人负责管理。危险品仓库内应有消防器材。

（3）危险品在运输、使用、存放时应注意密封良好、轻拿轻放，避免强光照射，避免高温，远离火源。

（4）用不完的危险品应及时回收，不得临时存放在车间里。

项目六
汽车维修质量管理

某运输企业的一辆空调大客车在二级维护时，维修人员忽视了横拉杆球形节的检修工作，检验人员也没有检查横拉杆球形节状况。结果该车作为旅游班车，在开往杭州的途中，因球形节紧固螺栓锈蚀、松旷、螺纹拉损，安全销被切断，球形节脱落，汽车方向失控而翻车，造成车毁人亡的惨剧。

汽车维修企业该怎样避免此类惨剧的发生呢？

项目要求

➢ 理解汽车维修质量的概念。
➢ 掌握汽车维修质量管理的任务。
➢ 掌握全面质量管理的含义及工作程序。
➢ 掌握汽车维修质量的评定方法。
➢ 掌握汽车维修质量检验所涵盖的学习内容。
➢ 了解汽车维修质量保证体系的主要内容。

课时：6 课时

相关知识

一、汽车维修质量的概念

质量就是指产品或工作的优劣程度。汽车维修是为了维持或恢复汽车完好技术状况和工作能力而进行的作业，它属于一项服务性的技术工作。因此，汽车维修质量包括维修的技术质量和服务质量两个方面。从技术角度讲，汽车维修质量是指汽车维修作业对汽车完好技术状况和工作能力维持或恢复的程度；从服务角度讲，汽车维修质量是指客户对维修服务的态度、水平、及时性、周到性以及收费等方面的满意程度。

这里主要从技术方面讨论汽车维修质量管理问题。

二、汽车维修质量管理的任务

汽车维修质量的优劣是由许多相关的因素决定的，它既取决于汽车维修企业内部各个方面、各个部门和全体人员的工作质量，也与社会的经营环境、管理环境等外部条件相关。因此，为了保证和提高汽车维修质量，必须对影响汽车维修质量的相关因素实施系统的管理。

汽车维修质量管理就是汽车维修企业为了保证和提高汽车维修质量而进行的计划、组织、协调和控制活动。

汽车维修质量管理是汽车维修企业管理的重要内容之一。汽车维修质量是对汽车本身质量的维持和保障，汽车维修质量的好坏决定着汽车能否保持良好的技术状态并安全地行驶。因此，汽车维修企业必须高度重视汽车维修质量管理，采取严格的技术手段和管理措施，保证和提高汽车维修质量，保障人们的生命和财产安全。

汽车维修质量管理的任务主要有以下四个方面。

（1）加强质量管理教育，提高全体员工的质量意识，牢固树立"质量第一"的观念，做到人人重视质量，处处保证质量。

（2）制定企业的质量方针和目标，对企业的质量管理活动进行策划，使企业的质量管理工作有方向、有目标、有计划地进行。

（3）严格执行汽车维修质量检验制度，对维修车辆从进厂到出厂的维修全过程，以及维修过程中的每一道工序，都要实施严格的质量监督和质量控制。

（4）积极推行全面质量管理等科学、先进的质量管理方法，建立健全汽车维修质量保证体系，从组织上、制度上和日常工作管理等方面，对汽车维修质量实施系统的管理和保证。

三、全面质量管理

在长期的质量管理实践中，人们探索、总结出许多质量管理的科学理论和方法。全面质量管理是科学的、先进的质量管理方法之一，因此，长期以来在各类企业中得到广泛的应用。

1. 全面质量管理的含义

全面质量管理就是指企业以提高产品（或服务）的质量为目的，组织企业的所有部门、全体员工共同参与，从产品设计、生产制造到产品售后服务的全过程，对影响产品质量的专业技术、生产条件、经营业务、工作流程甚至员工的思想与技术素质等各个方面的因素，进行系统的、全面的管理。

全面质量管理的核心是管理的全员性、全过程性和全方位性，即"三全管理"。

（1）全员管理就是企业全体员工都参与的质量管理。

（2）全过程管理就是对产品设计、生产制造到产品售后服务的全过程都进行质量控制。

（3）全方位管理就是对影响产品质量的方方面面的因素进行全方位的管理。

全面质量管理的基本特点是从过去的事后检验、把关为主，转变为以预防、改进为主；从管结果变为管因素，把影响质量的各种因素查出来，发动全员，针对主要矛盾，依靠科学的管理程序和方法，使生产经营的全过程处于受控状态。全面质量管理既注重对机械、材料、方法和环境等工程质量因素的管理，同时也更注重对人的工作质量的管理。

全面质量管理要求建立健全完善的质量保证体系，通过一定的组织机构、规章制度、工作程序，把质量管理活动系统化、标准化、制度化。

2. 全面质量管理的工作程序

全面质量管理强调科学的管理工作程序，通过计划（Plan）、执行（Do）、检查（Check）、处理（Act）循环式的工作方式，即 PDCA 工作循环，分阶段、按步骤开展质量管理活动，使质量管理工作不断地完善。

（1）PDCA 工作循环的内容。

PDCA 工作循环包括四个阶段，共分为八个工作步骤。

① 计划（P）阶段，分为如下四个步骤。

第一步，分析质量现状，找出质量问题。

第二步，分析产生质量问题的原因。

第三步，从各种原因中找出影响质量的关键原因。

第四步，制订工作计划和措施。

② 执行（D）阶段，包括一个步骤，即：

第五步，执行计划，落实措施。

③ 检查（C）阶段，包括一个步骤，即：

第六步，检查计划执行的情况和措施实施的效果。

④ 处理（A）阶段，分为两个步骤，即：

第七步，把有效措施纳入各种标准或规程中加以巩固，无效措施不再实施。

第八步，将遗留问题转入下一个循环继续进行。

（2）PDCA 工作循环的特点。

PDCA 工作循环具有如下特点。

① 每一个阶段本身也是按 PDCA 方式运转并循环的，即所谓大循环套小循环。

② 整个企业，各个科室、车间、班组和个人都有自己的 PDCA 工作循环，并且相互协调、相互促进。

③ 工作循环的四个阶段之间是紧密衔接的，不能间断。

④ 工作循环的四个阶段是周而复始的，不能停顿。

⑤ 每一个循环结束后，下一轮循环又在更高的水平上进行，即每循环一次就上升一步，就实现一个目标。如此反复不断地循环，质量问题不断得到解决，就会使管理水平、工作质量和产品质量逐步提高。

四、汽车修理质量检查评定

《汽车修理质量检查评定方法》（GB/T 15746—2011）规定了汽车修理质量的评定要求和评定规则。

1. 评定内容

汽车修理质量检查评定包括汽车整车修理质量、汽车发动机修理质量和汽车车身修理质量的评定。

（1）汽车整车修理质量。汽车整车修理质量是对汽车整车修理竣工质量和汽车整车修理过程中维修档案完善程度的综合评价。

（2）汽车发动机修理质量。汽车发动机修理质量是对汽车发动机修理竣工质量和汽车发动机修理过程中维修档案完善程度的综合评价。

（3）汽车车身修理质量。汽车车身修理质量是对汽车车身修理竣工质量和汽车车身修理过程中维修档案完善程度的综合评价。

2. 评定要求

（1）汽车整车修理质量。

① 维修档案评定。汽车整车修理维修档案的评定应包括核查维修合同、汽车整车修理进厂检验单、过程检验单和竣工检验单、机动车维修竣工出厂合格证、维修工时费结算清单、材料费结算清单6个核查项目。

② 竣工质量评定。汽车整车修理竣工质量的评定应包括整车外观及装配检查、总成机构检查及主要技术性能测试等方面的50个核查项目。

（2）汽车发动机修理质量。

① 维修档案评定。汽车发动机修理维修档案的评定应包括核查维修合同、汽车发动机修理进厂检验单、过程检验单和竣工检验单、机动车维修竣工出厂合格证、维修工时费结算清单、材料费结算清单6个核查项目。

② 竣工质量评定。汽车发动机修理竣工质量的评定应包括发动机外观及装备检查，起动性能、运转性能检查，动力性、经济性、排放性能检测等。其中，汽油发动机和柴油发动机各有16个核查项目。

（3）汽车车身修理质量。

① 维修档案评定。汽车车身修理维修档案的评定应包括核查维修合同、汽车车身修理进厂检验单、过程检验单和竣工检验单、机动车维修竣工出厂合格证、维修工时费结算清单、材料费结算清单6个核查项目。

② 竣工质量评定。汽车车身修理竣工质量的评定应包括外观尺寸、内外蒙皮及油漆的外观检查，货箱、门窗、座椅及附件的检查等。其中，货车车身有18个核查项目。

3. 评定规则

① 汽车修理质量评定结果用综合项次合格率表示，分为优良、合格、不合格三个等级。

② 每个核查项目的内容全部符合技术要求，即可判定该项目为合格，否则判定为不合格。

③ 核查项目按其重要程度分为"关键项"和"一般项"。"关键项"中出现一项不合格的，即可判定该汽车修理质量为不合格。

④ "关键项"均合格时，综合项次合格率按以下公式计算。

$$\beta_0 = \left(k_1 \frac{n_1}{m_1} + k_2 \frac{n_2}{m_2} \right) \times 100\%$$

式中：β_0 ——综合项次合格率；

n_1 ——汽车维修档案核查合格项目数之和；

n_2 ——汽车修理竣工质量核查合格项目数之和；

m_1 ——汽车维修档案应核查项目数之和；

m_2 ——汽车修理竣工质量应核查项目数之和；

k_1 ——汽车维修档案核查的权重系数，取 $k_1 = 0.2$；

k_2 ——汽车修理竣工质量核查的权重系数，取 $k_2 = 0.8$。

⑤ 汽车修理质量的综合判定标准见表 6-1。

表 6-1　　　　　　　　　　　　汽车修理质量的综合判定标准

等级	综合判定标准
优良	"关键项"均合格，且 $\beta_0 \geqslant 95\%$（大型营运货车 $\beta_0 \geqslant 90\%$）
合格	"关键项"均合格，$85\% \leqslant \beta_0 < 95\%$（大型营运货车 $80\% \leqslant \beta_0 < 90\%$）
不合格	"关键项"均合格，但 $\beta_0 < 85\%$（大型营运货车 $\beta_0 < 80\%$）

注：大型营运货车指最大允许总质量大于或等于 25000kg 的营运货车。

五、汽车维修质量检验

1. 汽车维修质量检验的任务

汽车维修质量检验就是通过一定的技术手段对维修的整车、总成、零部件等的质量特性进行测定，并将测定的结果与规定的汽车维修技术标准相比较，判断其是否合格。

在汽车维修企业中，维修质量检验工作的基本任务包括以下三个方面。

（1）测定维修的整车、总成、零部件等的质量特性。

（2）对汽车维修过程实施质量监督与控制。

（3）对汽车（包括整车、总成、零部件）维修质量进行评定。

2. 汽车维修质量检验的工作内容和步骤

汽车维修质量检验工作的基本内容和步骤如下。

（1）掌握标准。

根据汽车维修技术标准和规范，明确检验项目、质量特性及参数，掌握检验规则和数据处理方法。

（2）进行测定。

按规定的检测方法对检测对象进行测定，得出维修质量的各种特性值。

（3）数据比较。

将所测得的维修质量特性数据与汽车维修技术标准进行分析比较，判断其是否符合汽车维修质量要求。

（4）做出判定。

根据分析比较的结果，判定本项维修作业质量合格或不合格。

（5）结果处理。

对维修质量合格的维修作业项目签署合格意见；对汽车维修竣工出厂检验合格的车辆，签发维修合格证；对维修质量不合格的车辆提出返工处理意见。

3. 汽车维修质量检验的类别及检验内容

汽车维修质量检验是贯穿于整个汽车维修过程的一项重要工作，按照其工艺程序可分为进厂检验、汽车维修过程检验和汽车维修竣工出厂检验三类。

（1）进厂检验。

进厂检验是指对送修车辆的装备和技术状况进行检查鉴定，以便确定维修方案。进厂检验的主要内容和步骤如下。

① 车辆外观检视。

② 车辆装备情况检查。

③ 车辆技术状况检查，并听取驾驶人或车主的情况反映。

④ 填写车辆进厂检验单。

⑤ 查阅车辆技术档案和上次维修技术资料。

⑥ 判断车辆技术状况，确定维修方案。

⑦ 签订维修合同，办理交接车手续。

（2）汽车维修过程检验。

汽车维修过程检验是指在汽车维修过程中，对每一道工序的零部件质量、加工质量、装配质量等进行的检验。汽车维修过程检验有以下主要内容。

① 零件分类检验：就是在汽车或总成解体并进行清洗后，按照零件损伤程度将其确定为可用件、需修件和报废件三类。零件分类检验之后，将可用件留用，需修件送修，报废件送入废品库。

零件检验分类的主要依据是汽车维修技术标准，凡零件磨损量和几何公差在标准允许范围内的，即为可用件；凡零件磨损量和几何公差超过标准允许范围，但还可修复使用的，为需修件；凡零件损伤严重无法修复使用的则为报废件。

零件分类检验是汽车维修过程的重要检验内容，对汽车维修质量和汽车维修成本都有着直接的影响。

② 零件修理加工质量检验：即对需修理的零件，在修理加工之后，依据汽车维修技术标准进行检验，检验合格的才允许装车使用。

③ 各总成装配及调试的过程检验：是汽车维修质量控制的关键。对影响重要质量特性的关键工序或项目，应作为重要的质量控制点进行检验，以确保汽车维修关键项目的质量稳定；对在汽车维修过程中，故障发生率高、合格率低的工序或项目以及对下一道工序影响大的工序，应多设几个质量控制点加强检验，使影响工序质量的多种因素都能得到控制。

汽车维修过程检验一般采用岗位工人自检、工人互检和专职检验员检验相结合的检验方式。因此，汽车维修企业必须建立严格的检验责任制度，明确检验标准、检验方法和分工，做好检验记录，严格把握过程检验质量关，凡不合格的零件、装配不合格的总成都必须返工，不得流入下一道工序。

（3）汽车维修竣工出厂检验。

汽车维修竣工出厂检验就是在汽车维修竣工后、出厂前，对汽车维修总体质量进行的全面验收检查，检验合格的可签发机动车维修合格证。

汽车维修竣工出厂检验的主要内容和步骤如下。

① 整车外观技术状况检查。

② 整车及各主要总成的装备和附属装置情况检查。

③ 发动机运行状况及性能检验。

④ 汽车运行状况及性能检验。可通过路试或上汽车综合性能检测线进行检验。

⑤ 对检验合格的车辆进行最后验收，并填写汽车维修竣工出厂检验记录单。

⑥ 对维修质量合格的车辆签发机动车维修合格证。

⑦ 办理汽车维修竣工出厂交接手续。

汽车维修竣工出厂检验是对汽车维修质量的最后把关，并由汽车维修专职检验员进行检验。检验人员必须依据汽车维修技术标准逐项、全面地进行检查。对验收检查中发现的缺陷和不合格的项目，必须立即进行处理，不允许有缺陷的车辆出厂。只有所有的项目都达到汽车维修技术标准的要求，维修质量检验人员才能够签发维修合格证。

《中华人民共和国道路运输条例》明确规定："机动车维修经营者对机动车进行二级维护、总成修理或者整车修理的，应当进行维修质量检验。检验合格的，维修质量检验人员应当签发机动车维修合格证。"因此，汽车维修质量检验是汽车进行二级维护、总成修理或者整车修理过程中的法定程序，汽车维修企业必须严格执行。

4. 汽车维修质量检验的方法

汽车维修质量的检验，根据检验对象的不同通常可采用人工检视诊断法和仪器设备检测诊断法两种方法。

（1）人工检视诊断法。

人工检视诊断法就是汽车维修质量检验人员通过眼看、耳听、手摸等方法，或借助简单的工具，在汽车不解体或局部解体的情况下，对车辆的外观技术状况和可以直接看到、听到或触摸到的外在技术特性进行检查，并在一定的理论知识指导下根据经验对检查到的结果进行分析，判断其是否合格。

人工检视诊断法主要用于检验车辆的外观清洁、车身的密封和面漆状况、灯光仪表状况、各润滑部位的润滑情况，以及各螺栓连接部位的紧固情况等项目。

（2）仪器设备检测诊断法。

仪器设备检测诊断法是在汽车不解体的情况下，利用汽车检测诊断仪器设备直接检测出汽车的性能和技术状态参数值、曲线或波形图，然后将其与标准的参数值、曲线或波形图进行比较分析，判断其是否合格。有的检测诊断仪器设备还可以直接显示出判断结果。

仪器设备检测诊断法是现代汽车维修质量最主要、最基本的检验方法，整车大修、总成大修和二级维护等作业中的主要检测项目都必须采用仪器设备检测诊断法进行。

5. 汽车维修质量检验标准

汽车维修标准和技术规范是进行汽车维修质量检验的依据。汽车维修企业和汽车维修质量检验人员必须认真贯彻执行国家和交通运输部门颁布的汽车维修有关技术标准与技术规范以及相关的地方标准，并严格按照标准和技术规范指导汽车维修作业与汽车维修质量检验，保证汽车维修质量。有条件的企业还应当依据国家标准、行业标准和地方标准的要求制定企业技术标准，不断提高汽车维修质量。

其他相关标准还有国家和交通运输部门发布的各项汽车修理技术条件、机动车运行安全技术条件、机动车排放标准和测量方法、机动车允许噪声及测量方法等。

六、汽车维修质量保证体系

质量是生命，质量不仅是企业的生命，也关系到客户的生命安全。为了保证汽车维修质量不断提高，汽车维修企业应当树立科学的全面质量管理观念，建立健全企业内部质量保证体系，调动企业全员的积极性，全面加强质量管理。

汽车维修质量保证体系就是指汽车维修企业以保证和提高汽车维修质量为目标，把与汽车维修质量管理紧密相关的各种要素、各个环节、各个部门统一组织起来，形成一套目标一致、相互协调的综合性质量管理工作系统，以促进汽车维修质量管理工作系统化、规范化、制度化、经常化。

1. 明确的质量方针和目标

企业的质量方针和目标就是企业制定的质量管理行为宗旨及所要达到的标准，是企业质量管理工作的纲领和方向。质量方针和目标的制定与实施，是汽车维修质量的重要保证之一。

汽车维修是一项服务性技术工作，汽车维修企业应当以为客户提供优质服务、保证客户满意、确保车辆无故障安全运行为基础，制定质量方针和目标，指导企业的质量管理活动；还应根据企业的条件，制定出切实可行的且具有一定先进性的质量方针和目标体系，并将质量目标体系逐项、逐级地分解到各个质量控制岗位，确保质量目标的实施。并且，由于汽车维修市场的不断发展，企业应当根据市场的变化情况，及时修订企业的质量方针和目标。

2. 专职质量管理机构

各类汽车维修企业应当建立与其维修类别相适应的质量管理组织机构。质量管理机构的组织形式可根据企业规模的大小而定。一般一、二类维修企业应建立质量管理领导小组，其成员由企业技术负责人、专职总检验员及质量管理部门和其他有关部门的负责人组成，并且还应单独设立质量检验科室等质量管理的具体办事机构，负责日常具体的质量管理工作。三类维修业户应有明确的质量负责人，负责日常的质量管理工作。

汽车维修企业的质量管理机构和质量管理人员的主要职责如下。

（1）认真贯彻执行国家的质量管理法律、法规。

（2）贯彻执行国家和交通运输部门发布的有关汽车维修技术标准以及有关汽车维修的地方标准。

（3）制定汽车维修工艺和操作规程。

（4）依据国家标准、行业标准、地方标准的要求，制定汽车维修企业技术标准。

（5）建立健全汽车维修企业内部质量保证体系，加强质量检验，掌握质量动态，进行质量分析，推行全面质量管理。

（6）开展质量评优与奖惩工作。

各类汽车维修企业还必须设有质量检验员。质量检验员必须经过当地汽车维修行业管理部门培训、考核并取得汽车维修质量检验员证书。

3. 严格的汽车维修质量管理制度

汽车维修企业必须严格执行国家和当地维修行业主管部门制定的有关汽车维修质量管理制度与法规，并且要建立健全企业内部相关的质量管理制度，并认真遵守和执行。

（1）汽车维修质量检验制度。

汽车维修企业必须按规定配备质量检验员。对汽车进行二级维护、总成修理或整车修理都应当进行质量检验。车辆进厂时、维修过程中以及竣工出厂时，必须由专职检验人员负责检验，并认真填写维修检验单。在汽车维修过程中，每道工序的检验可以采用自检、互检和专职检验相结合的方法，做到层层把关，严格检验。

（2）汽车维修合格证制度。

对于进行整车大修、总成大修和二级维护作业的车辆，在维修竣工出厂时，经检验合格的，维修质量检验人员应当签发"机动车维修合格证"。该合格证由各省维修行业主管部门统一印制。它是车辆维修合格的标志，是制约维修企业质量保证的重要手段。维修企业及质量检验人员必须严格对待合格证的签发，加强出厂质量检验，保证做到不合格的车辆绝对不能签发合格证；对于经检验合格的车辆，一经签发合格证，就要由厂方和检验人员负责。

（3）维修质量保证期制度。

交通运输部发布的《机动车维修管理规定》中规定机动车维修实行竣工出厂质量保证期制度，汽车和危险货物运输车辆整车修理或总成修理质量保证期为车辆行驶 20000km 或者100 日；二级维护质量保证期为车辆行驶 5000km 或者 30 日；一级维护、小修及专项修理质量保证期为车辆行驶 2000km 或者 10 日。

其他机动车整车修理或者总成修理质量保证期为机动车行驶 6000km 或者 60 日；维护、小修及专项修理质量保证期为机动车行驶 700km 或者 7 日。

质量保证期中的行驶里程和日期指标，以先达到者为准。机动车维修质量保证期，从维修竣工出厂之日起计算。

在质量保证期和承诺的质量保证期内，因维修质量原因造成机动车无法正常使用，且承修方在 3 日内不能或者无法提供因非维修原因而造成机动车无法使用的相关证据的，机动车维修经营者应当及时无偿返修，不得故意拖延或者无理拒绝。

在质量保证期内，机动车因同一故障或维修项目经两次修理仍不能正常使用的，机动车维修经营者应当负责联系其他机动车维修经营者，并承担相应修理费用。

机动车维修经营者应当公示承诺的机动车维修质量保证期。所承诺的质量保证期应不得低于《机动车维修管理规定》的标准。

（4）质量管理岗位责任制度。

为了增强每个职工的质量意识，确保每个岗位的工作质量，维修企业必须根据每个岗位的质量目标、业务标准和工作程序，制定严格的岗位责任制度，把实现质量目标的相关规定、要求和注意事项等具体落实到每个岗位的每个员工身上，使每个员工都有明确的方向和职责，都能够自觉地按照规定和要求对各自岗位的质量管理工作负责；并且对员工还要有严格的奖励和惩罚制度，对每个岗位的质量管理水平都要进行严格考核和奖惩。

4. 实行质量管理业务标准化和质量管理流程程序化

汽车维修质量的好坏是由维修企业中每个岗位的工作人员的工作质量所决定的。因此，维修企业内部必须根据总的质量方针和目标的要求，明确规定每个岗位的质量管理的具体目标和要求，明确每个岗位实现质量目标的工作标准和技术标准，使每个岗位的工作都有标准可参考，并且都能够按照标准执行；同时，对每个岗位的工作程序以及各个岗位之间工作的相互联系与衔接，都要制订明确的管理流程，使各项工作都能按科学的程序进行。

质量管理业务标准化，就是把维修企业中重复出现的质量管理业务工作制定成标准，并作为制度执行；管理流程程序化，就是将维修企业中形成的合理的质量管理业务工作流程规范起来，形成固定的程序，并将其用图表标示出来以指导执行。

5. 开展质量管理小组活动

质量管理小组简称为 QC 小组，是以保证和提高产品质量、工作质量、服务质量为目的，围绕生产和工作现场存在的问题，由生产班组或科室人员自愿组织、主动开展质量管理活动的小组。建立 QC 小组、开展 QC 小组活动是企业开展全面质量管理、提高质量水平的有效的质量保证形式。

QC 小组的任务是在小组范围内控制质量，一般以工作质量为主，其职能是实现质量点控制，即选择那些对质量有重大影响的关键环节、关键点实施控制。对于汽车维修质量，重点应当控制车辆进厂检验、维修作业过程检验、维修竣工检验以及汽车零部件选用与检验等关键环节。在汽车维修企业中，应重点扶持这些关键岗位的 QC 小组的活动，以点带面，推进整个企业的全面质量控制网络。

6. 加强汽车维修配件及原材料质量管理

现代汽车维修越来越多地采用换件维修的方式，汽车维修配件质量是影响汽车维修质量的关键因素之一。因此，维修企业首先应当严把维修原材料及配件采购供应关，坚决杜绝采购假冒伪劣的产品，要建立原材料和配件采购进厂入库检验制度和采购人员责任制度，在采购的材料或配件进厂入库前必须由专人逐件进行检验查收，并由采购人员和管理人员签字。维修作业人员领用材料时，要认真填写"领料单"，注明规格、型号、材质、产地、数量，并由领发人员分别签字。在维修作业过程中，检验人员应对原材料再次进行检验，严防不合格原材料和配件装车使用。

7. 做好维修质量管理的基础工作

汽车维修质量管理的基础工作主要包括以下内容。

（1）建立健全质量管理制度。

（2）建立健全车辆维修技术档案并认真填写和保存。

（3）认真执行汽车维修技术国家标准、行业标准和企业标准，具有完整的汽车维修技术资料。

（4）具有完善的进厂检验单、过程检验单、竣工检验单、维修合同文本和维修出厂合格证等技术文件。

（5）对维修计量器具和检测仪器与设备具有使用管理制度，并对维修设备定期进行精度和性能检查。

8. 建立汽车维修质量信息反馈系统

汽车维修质量信息反馈系统的作用就是迅速、及时、准确地将汽车维修过程中的质量信息反馈到企业维修质量管理系统中，以便随时掌握维修质量情况；对于汽车维修过程中出现的维修质量问题，要能够及时查明原因，找到问题的关键点，并通过企业维修质量管理系统及时进行质量控制和改进。

汽车维修质量信息反馈包括汽车维修企业内部质量信息反馈和企业外部质量信息反馈。汽车维修企业内部质量信息反馈主要有进厂检验、维修过程检验、维修竣工出厂检验的质量信息反馈等，并由专职汽车维修质量检验人员组成信息反馈网络。企业内部质量信息反馈系统的主要信息形式是各种维修检验记录单和技术档案。汽车维修企业外部质量信息反馈主要由客户质量信息反馈、汽车维修质量监督检验站质量信息反馈、道路运政管理机构质量信息反馈等组成。企业外部质量信息反馈系统的主要信息形式是客户质量信息调查、客户质量投诉、汽车维修质量监督检验报告、行业管理统计与考核报表等。

汽车维修质量信息反馈系统的管理，可以由人工通过各种单证、报表、书面报告等信息载体形式进行管理。目前在汽车维修企业中，计算机汽车维修信息管理系统也已经越来越广泛地应用于汽车维修质量信息反馈系统的管理。

案例： 某汽车维修企业的一个业务接待员辞职了，于是企业负责人让车间唯一的检验员接替其工作。虽然有很多人提出反对意见，负责人却总是摇摇头，说没有检验员就让维修工加强一下责任心就行了。此后陆续有零星返工发生，负责人也没在意，直到有一天一个维修工在更换广州本田机油滤芯时，由于用力过猛，造成滤芯表面变形，当时没有人发现。后来车辆在高速路行驶时，滤芯表面变形处破裂，机油漏出，导致发动机烧毁，造成一万多元的损失。

思考与练习

（1）汽车维修质量管理的任务主要有哪几方面？

（2）用自己喜欢的方式汇总汽车维修质量检验所学习的内容。

知识拓展

丰田靠质量获得客户对品牌的信赖与支持

丰田汽车公司认为维修质量的提高不仅能满足客户的期望，提高客户的满意度，还能获得客户对品牌的信赖与支持。因此丰田服务工作的五大理念：客户满意第一、一次性修复、客源保持、倾听客户意见加以改进、以盈利为最终目标，其中处处体现着丰田质量管理的思想。在丰田汽车公司的经营理念里也有"对客户负责，客户是上帝""在每道工序里创造质量，一切为客户服务""当你发现问题时，应当考虑如何处理问题，而不是处理负有责任的人""对客户——客户至上、服务至上；对员工——以人为本；对生产——以精简为手段，追求低成本；对产品——以零缺陷为最终目标，追求高质量"等质量管理的思想。

我们都知道十倍原则：一个不合格品，如果在生产中被发现，需要花费 10 元，如果在出厂检验时被发现，则需要花费 100 元，而如果被客户发现，那么就需要花费 1000 元。十倍原则在生产中是这样，在维修服务上同样适用。丰田汽车公司是如何做的呢？

丰田汽车公司生产了高品质的产品，但他们从未放松过对维修质量的管控。他们对维修质量的考核包括：一般维修一次修复率、完工遵守率、交车遵守率、内返率（钣喷）、外返率（钣喷）。

对完工遵守率进行管控的意义是对维修车辆在车间内的维修周期进行把控，确保维修车辆能够在预定交车时间前完工。

对交车遵守率进行管控的意义是站在客户的角度，确认经销商是否遵守了交期，探究客户满意度低下的原因。

对内返率进行管控的意义是，作为管理者，需要把握钣喷车间的维修技术和品质的弱项，防止因为品质问题导致的客户投诉或返工。

对外返率进行管控的意义是，站在客户的立场上，确认经销商的作业技术和维修品质的水平，努力提高客户满意度。

这里重点介绍一般维修一次修复率，说到一次修复率，可能有人会想到传统的考核指标：返修率，从公式上看，好像是一次修复率=1–返修率，其实，一次修复率与传统的考核指标返修率中的返修台次是不一样的，两者之间有较大的差别。

传统的考核指标返修率对返修台次的定义：在统计期内竣工出厂的车辆在一定里程内，由于维修工艺责任或因材料配件质量不合要求等原因回厂再次进行修理的台次数。这里返修台次是维修工艺责任、材料配件质量不合要求造成的。

丰田汽车公司对一般维修一次修复率（FIR）是这样定义的：

$$一般维修FIR = \left(1 - \frac{Q1\text{“否”} + Q2\text{“否”} + Q3\text{“否”}}{一般维修入厂台数}\right) \times 100\%$$

式中： Q1——初次维修是否完全修复（是/否）。

Q2——是否在约定时间内完成维修（是/否）。

Q3——是否能够接受约定的维修完成时间（是/否）。

从公式上看，Q1表示初次维修是否完全修复，这不仅包括维修工艺责任、材料配件质量不合要求引起的返修，还包括以下几方面。

（1）配件缺货引起的返修。由于配件缺货或发运来的配件与原配件规格、型号不符。

（2）误诊断引起的返修。一些正常的问题，如轮胎噪声，由于不能准确判断故障而让客户多次进厂检修。

（3）第二方案引起的返修。对一些偶发故障，由于没有确定的方案，只是临时采取一个方案让客户试试看，而导致客户返修。

一次修复率除了上述的配件订购、维修过程中产生的初次维修不能完全修复外，还包括是否在约定时间内完成维修和客户是否能够接受约定的维修时间，这两个指标完全从客户满意度出发，一切以客户为中心，这就要求经销商树立以客户满意为中心的思想，将一次修复率的控制贯穿在整个维修过程中，赢得客户的满意，这样丰田靠质量获得了客户对品牌的信赖与支持。

项目七
人力资源管理

某地一家汽车维修企业有 40 多人，领导者不重视人力资源管理，而是实行"家族式"管理，不重视人才，管理部门用的是自己的亲属，结果企业的五六个骨干跳槽去了竞争对手的维修企业，使本企业基本处于瘫痪状态。

那么企业该如何做好人力资源管理呢？

项目要求

➤ 掌握组织机构设置的原则及方法。
➤ 了解一般汽车维修企业常见的组织机构形式及各岗位职责。
➤ 掌握人力资源规划的原则、内容及步骤。
➤ 掌握员工招聘、培训、绩效考核、激励机制及酬金等模块的管理。

课时：6 课时

相关知识

一、组织机构

（一）汽车维修企业常见的组织机构形式

一个好的组织机构可以让企业员工步调一致，同心协力，向着一个目标迈进。一个不合理的组织机构可能使企业组织效率降低，内耗增加，影响企业的成功和发展目标的实现。

1. 组织机构设置的原则

（1）目标明确。

（2）功能模块清晰。

（3）分工明确。

2. 组织机构设置的方法

（1）工作划分。首先根据分工协作和效率优先的原则，将汽车维修工作划分为业务接待、维修、质量检验、配件采购管理、会计结算、生活接待等。

（2）建立部门。把相近的工作归在一起，在此基础上建立相应部门。根据生产规模的大小，一些部门可以合并，也可以分开。汽车维修企业常见的部门有业务接待部、配件部、维修车间、技术部、办公室、财务部等。

（3）确定管理层次。确定一个上级直接指挥的下级部门的数目。

（4）确定职权关系。确定各级管理者的职务、责任和权利。

3．一般汽车维修企业常见组织机构形式

（1）整车维修一类企业。整车维修一类企业的特点，一是规模较大，有的企业员工甚至达到上百人；二是专业化程度高。整车维修一类企业的组织机构如图7-1所示。

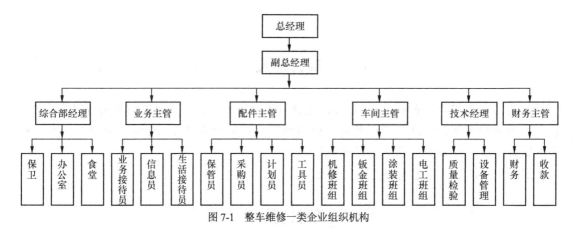

图7-1　整车维修一类企业组织机构

（2）整车维修二类企业。其组织机构如图7-2所示。

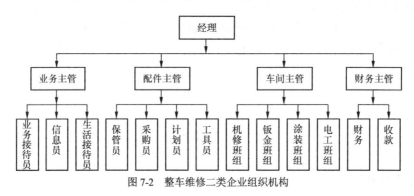

图7-2　整车维修二类企业组织机构

（3）汽车专项维修业户。汽车专项维修业户主要是指从事专项修理或维护的企业，一些岗位可以兼职。其组织机构如图7-3所示。

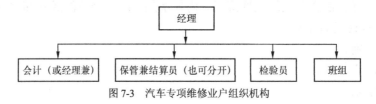

图7-3　汽车专项维修业户组织机构

4．3S店或4S店特约服务站常见组织机构形式

3S店或4S店特约服务站常见组织机构如图7-4所示。

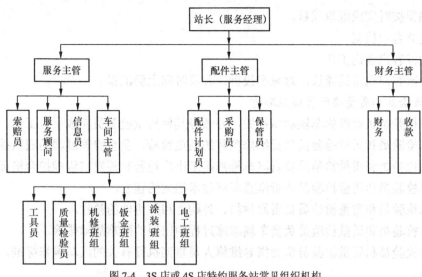

图 7-4　3S 店或 4S 店特约服务站常见组织机构

5．连锁（加盟）店组织机构形式

可参考整车维修二类企业的组织机构。

（二）岗位职责

1．总经理岗位职责

（1）负责编制或审核企业的长、中、短期发展计划，企业的生产规模和效益指标。

（2）负责编制企业的组织机构，调配人员、设备和资金等工作。

（3）负责组织制定企业的各项规章制度。

（4）负责企业各部门主管人员的任免，各部门员工聘用、奖励和辞退的审批。

（5）负责编制或审核企业的经营策略，审核年度、季度、月度维修业务方案。

（6）负责审核财务工作和资金的筹集。

（7）负责制定或审批员工工资、福利和分配方案。

（8）负责与汽车维修行业管理部门的沟通，传达和落实有关的法律、法规。

2．车间主管岗位职责

（1）负责维修派工，保质保量按时完成企业下达的各项维修任务。

（2）认真贯彻自检、互检和专检的质量检验制度。

（3）抓好车间的劳动纪律和精神文明建设，培养员工的爱岗敬业精神。

（4）抓好安全生产，经常开展安全生产教育。

（5）加强员工培训和考核，不断提高全体员工的服务质量和技术水平。

（6）抓好车间的 6S 管理工作。

（7）做好车间的设备、工具管理。

3．业务接待岗位职责

（1）热情接待客户，了解客户需求及期望，为客户提供满意的服务。

（2）接车。根据客户维修要求，开出工作订单。

（3）估计维修费用，负责向客户说明收费项目及其依据。

（4）掌握维修进度，增加或减少维修项目时，及时联系客户。

（5）确保按时完成维修项目。

（6）建立客户档案。

（7）做好客户咨询工作。

（8）听取客户提出的建议、意见和投诉，并及时向上级汇报。

4. 总检验员和质量检验员岗位职责

（1）总检验员负责维修车辆质量把关，并领导其他质量检验员完成质检工作。

（2）总检验员和质量检验员负责维修项目的质量检验，负责修理过程的随机抽检。

（3）总检验员和质量检验员负责汽车维修竣工出厂检验和签发二级维护合格证。

（4）总检验员和质量检验员负责维修车辆技术档案的建立。

（5）总检验员和质量检验员负责原材料、外购件和外协件的验收。

（6）总检验员和质量检验员负责车辆维修过程中出现的疑难故障排除。

（7）总检验员和质量检验员负责指导维修人员贯彻执行有关的汽车维修标准，提高员工的技术素质。

（8）总检验员和质量检验员负责处理维修质量投诉和事故车辆的维修质量分析。

5. 特约服务站站长岗位职责

（1）根据双方协议，结合任期责任目标，对服务站工作全面负责，将汽车维修服务工作列入服务站工作重要日程，并组织制订、审批服务站的年、季度工作计划，并促进实施。

（2）贯彻落实汽车生产厂家的服务质量方针，协调、平衡、监督、检查服务站技术管理、生产管理等各项工作，正确执行汽车生产厂家维修服务的有关规定。

（3）负责汽车重大问题和特殊问题的协调及宣传工作，参与或组织重点客户的走访工作。

（4）定期召开站务工作会议，检查、布置各项工作，纠正错误、奖励先进。

（5）参加汽车生产厂家的各种会议，对会议通过的决议、服务方针组织落实。

（6）检查站内汽车配件库存及配件计划，保证落实与实施。

（7）组织制订培训计划，按计划对职工进行思想和技术培训，提高职工队伍素质。

（8）严格遵守财务制度，监督、检查售后服务费用的收支。

（9）明确员工责任，根据汽车生产厂家的相关规定，对工作人员做好监督指导工作。

（10）对有关本站服务人员变更或服务站其他相关信息的变更情况，应安排人员及时通知汽车生产厂家。

6. 特约服务站服务主管岗位职责

（1）在站长的领导下，根据汽车生产厂家的工作要求，主持汽车维修服务。

（2）接受站长的委托，参加汽车生产厂家召开的各种会议并向站长汇报会议精神，组织全体员工贯彻实施。

（3）组织有关人员编制服务站年、季度工作计划，报站长审批，并认真完成。

（4）组织人员对当地该厂汽车保有量进行调查，建立客户档案，主动走访客户，了解该厂汽车质量和市场需求情况，定期上报汽车生产厂家。

（5）积极组织人员落实汽车生产厂家委托的服务工作，审查服务中技术鉴定的准确性和服务质量。审批服务报表的及时性、完整性、正确性。

（6）每周组织召开服务人员工作会议，研究工作，学习业务，开展各种岗位练兵活动，提高各类人员的业务水平。

（7）组织有关人员进行技术培训和对客户的技术咨询工作。

（8）汽车产品出现重大质量问题时及时上报汽车生产厂家和服务站站长，提出处理意见，并积极协助汽车生产厂家驻现场代表和站长处理相关问题。

（9）安排信息员对保养维修客户取车 3 天后的回访工作，并做好记录，对客户提出的问题及时进行处理。

7. 特约服务站索赔员岗位职责

（1）熟悉并严格执行汽车生产厂家的三包索赔规定及有关结算流程的规定。

（2）根据鉴定员的鉴定结果和维修结果，逐项填写"三包索赔结算单"，并对维修车辆的工时费、材料费进行核算，形成"三包索赔维修结算申报表"。

（3）核对整理当月发生保养的免费保养单据，并形成"汽车免费保养结算汇总表"。

（4）严格执行旧件管理程序，对每月更换的旧件进行整理，形成"汽车保养索赔旧件明细表"，并在规定时间返回旧件。

（5）负责服务站各种费用的结算工作，配合汽车生产厂家审核员对有异议的维修项目进行核对、解释。

8. 特约服务站计算机管理系统信息员的职责

（1）对服务站所有的文件资料进行分类、编号、登记，做好收发整理，相关信息及时向汽车生产厂家反馈。

（2）负责有关技术档案资料的保管和借阅。

（3）按"三包索赔结算单"填写"质量信息反馈表"，进行汇总并上报汽车生产厂家。

（4）按汽车生产厂家的要求，做好月统计和月报工作，并归档、保存待查。

（5）协助站内人员做好站务管理和接待来人来访工作。

（6）配合汽车生产厂家实行计算机联网管理以及日常维护。

（7）定期查看汽车生产厂家网页，查看各类信息，更新技术资料，并及时通知相关人员予以贯彻。

9. 特约服务站配件主管岗位职责

（1）熟悉和掌握汽车生产厂家各种车辆的配件性能、名称、供应厂商，采购由汽车生产厂家或配件中转库提供的原厂配件。

（2）根据当地该厂汽车市场保有量及厂家规定的购件额度要求，保证配件库存量在合理范围内，保证厂家汽车配件供应满足维修服务的需要。

（3）根据配件使用和销售情况编制配件采购计划，严格按照采购计划进行订货和采购。

（4）制定库房管理制度，配件摆放合理，设立旧件摆放区，标志明确。

（5）熟练使用计算机，能够通过汽车生产厂家电子信息管理系统及时订购配件。

10. 特约服务站财务主管岗位职责

（1）编制、平衡服务站年、季度费用计划，并将其落到实处。

（2）熟悉三包维修费用结算手续，按厂家规定结算费用。

（3）熟悉三包工时定额、配件价格，协助做好三包维修费用的申报。

（4）负责费用的完成情况分析和反馈工作。

（5）负责定期和汽车生产厂家财务处对账，保持账面准确无误。

11. 采购人员岗位职责

（1）建立供应商资料与价格记录。

（2）负责采购计划编排、物料的订购及交期控制。

（3）掌握企业主要物料的市场价格变动情况，了解市场走势，加以分析并控制成本。

（4）对供应厂商的价格、品质、交期、交量等进行评估。

（5）对采购物资进行 A、B、C 分类（A 类指对产品质量有重要影响的物料及价值高的、对企业发展有战略意义的物料；C 类指低值、易耗、采购渠道多，对产品质量无影响的物料；B 类指 A、C 类以外的物料）。

（6）对进料品质、数量异常等情况进行处理。

（7）对呆料（指存量过多、耗用量极少，而库存周转率极低的物料）与废料进行预防与处理。

（8）询价、比价、议价及订购作业。

（9）付款整理、审查。

12. 维修人员岗位职责

（1）认真做好本职工作，维护企业信誉，礼貌待客。

（2）遵守劳动纪律和车间管理制度，服从工作安排和生产调度。

（3）严格按作业项目、技术规范和工艺要求进行维修，保质保量完成维修工作。

（4）注意安全生产，准确使用工具和设备。

（5）文明施工，爱护车辆。

（6）坚持自检，确保维修质量，检验不合格，绝不转入下一工序。

（7）发扬团队精神，协商解决问题。

（8）加强技术学习，不断提高技术水平。

二、人力资源管理

人是企业最宝贵、最有价值的资源，企业领导者应充分认识到这一点，从一言一行到企业的各项政策、规章制度，都要有利于调动员工的积极性和主动性，使他们自觉地提高维修服务质量，节约维修成本，主动维护企业形象，为企业赢得更多的客户，实现企业盈利的目标。

（一）人力资源规划

人力资源规划是指科学地预测、分析本企业在外界环境变化中的人力资源供给和需求的状况，制定必要的措施和政策，以确保自身在需要的时间和需要的岗位上获得各种需要的人才，实现企业的经营目标。

1. 人力资源规划原则

人力资源规划需要与企业发展规模、经营规模相匹配。

2. 人力资源规划内容

（1）人力资源管理总体目标和配套政策的总体规划。

（2）中长期不同职务、部门或工作类型人员的配备计划。

（3）需要补充人员的岗位、数量，人员要求的确定及招聘计划。

（4）人员晋升政策，轮换人员岗位、时间计划。

（5）培训开发计划、职业规划计划。

3．人力资源规划步骤

（1）搜集有关的信息资料。

（2）人力资源需求、供给预测。

（3）确定人员的总需求。

（4）确定人力资源目标。

（5）制订具体规划。

（6）对人力资源规划进行审核、评估。

（7）进一步改进工作。

4．人力资源不平衡的解决方法

（1）供大于求。

① 永久性地裁减或辞退劳动态度差、纪律差、技术水平低的员工。

② 撤销、合并一些不盈利的机构。

③ 制定相应政策，鼓励提前退休或内退。

④ 减少人员的工作时间，随之降低工资水平。

（2）供小于求。

① 不同岗位之间调配。

② 进行岗位设计修订，提高劳动生产率。

③ 制订非临时计划，如返聘已退休人员或聘用临时人员。

④ 制订全日制临时工计划。

⑤ 企业外招聘。

（二）员工招聘

1．员工招聘考虑的因素

汽车维修企业业务发展到一定阶段，就会面临招聘新员工的问题。招聘新员工要考虑到增加的业务能否满足新增员工的工资和福利。因为对大多数汽车维修企业来说，劳动力报酬是企业最大的固定支出。企业业务繁忙的时候，需要足够多的修理工为客户服务，而在维修淡季，支付工资给几乎无事可做的修理工对企业领导者来说可不是一件轻松的事情。因此，员工招聘要考虑以下几个因素。

（1）确实需要。无论从长期还是短期来考虑，招聘的员工应对企业的发展有很大帮助，不是可有可无的。坚持少而精、宁缺毋滥是员工招聘的基本原则。

（2）职位空缺。当有人辞职或调到其他岗位时，就需要人员填补职位空缺。这时第一步应考虑将工作分摊给其他员工是否可行，第二步才应考虑员工招聘。

（3）人才储备。一些关键岗位应有人才储备，否则关键岗位的人员离去对企业的打击将是致命的，这叫未雨绸缪。

（4）长期发展计划。如果维修企业有长期的发展计划，就应该提前进行人才规划，不能临时抱佛脚。

（5）季节性因素。汽车维修企业业务受季节性因素影响，一般来讲每年春节后的两个月机修是淡季，而钣金涂装业务不少，夏季空调维修是旺季。在淡季时可能有人要离职，这时企业可以缓一缓，到旺季来临时再招人。

2. 员工招聘途径

员工招聘可选择外部招聘和内部选拔相结合的方法。内部选拔就是将企业内部优秀的人才选拔到空缺岗位上，但此种方法由于受人员来源等条件限制，企业更多的是采用外部招聘。传统的维修企业员工招聘常采用下面两种方法。

（1）熟人介绍。一般由企业现有员工或与企业有业务来往的人员（如驾驶员或车队负责人的亲戚或朋友）介绍。

（2）主动吸收同类人才。到同类企业中利用某些优惠条件吸引人才。有时从其他企业跳槽来的人才会带过来原单位下属人员。

传统的招聘方法简单实用，但也有一些不足之处，对企业的长期发展可能会带来一些隐患。

（1）容易形成帮派。人与人之间都是有感情的，这本无可非议，但如形成比较密切的"私人关系"，再加上某些利益关系，久而久之就会形成一些帮派，给企业的工作带来一些阻力，甚至会损害企业的根本利益。

（2）制约机制丧失。一些相互制约的职位，如质量检验员和维修工，采购员和仓库保管员，由于关系密切或来自同一个地方可能导致制约机制丧失。

（3）人员不稳定。如被优惠条件吸引而来的员工也可能被其他企业用更优惠的条件挖走，这样就会影响企业的正常经营。

现代汽车维修企业招聘员工时一定要采用公开招聘，招聘可采用如下几种方式。

（1）采用报纸、电台、广播、网站广告。这种方式宣传力度大、人员来源广、选择余地大，利于找到优秀人才。

（2）直接到学校招聘。这样招聘的员工易于管理，有上进心，思想素质较高，厂规厂纪、岗位职责、工作流程等可以从零开始规范、系统地学习，有利于良好工作习惯和作风的培养。学校从自身利益出发，也很愿意与企业合作，尽量向企业提供关于学生的准确信息。

（3）委托中介机构。这样做可以节省企业的人力、物力。

（4）张贴海报。这种方式比较适合企业内部招聘。

（5）人才市场招聘。

3. 员工招聘原则

（1）要本着"直接选，越级聘"的原则，即选聘某一岗位人员，选择权归这个岗位的直接上级，而聘用权则归其上级的上级。这样做的目的，主要是为建立用人方面的相互制约机制。

（2）做到合理化、科学化，给所有竞聘人员提供公平竞争的机会。

4. 招聘程序

（1）企业用人部门根据业务发展需求情况，提出需招聘岗位名称、人员基本要求。

（2）人力资源部根据各部门的申请，写出招聘计划报企业最高管理者批准。

（3）发布招聘信息。注明岗位名称、人员要求。

（4）人力资源部审查求职审查表，将一些明显不符合条件的人员筛除。审查时可参考以下三个方面。

① 来企业的目的。如想得到更高的工资、负更大的责任、获得更好的培训等都是正常的原因，而对原工作抱怨颇多、吹毛求疵的人，说明此人工作不安心，这样的人可以筛掉。

② 工作经历。如果应聘者以前一直从事某项工作，可能在这方面积累了丰富的经验；如果工作岗位频率变换，可能各方面专业技能都不太强。

③ 工资要求。将应聘者过去的工资信息和其要求相比较，如果差距太大可考虑将其筛掉。

（5）笔试。笔试主要测试应聘者的基本技能，此种方法不如实践操作测试，但也大致可反映应聘者的基本水平。

（6）面试。面试是一项费时费力的工作。面试是指根据求职审查表、笔试的情况选出基本符合条件的人员，与其进行面对面的交谈，客观地了解应聘者的知识水平、工作经验、求职动机、个人素养等情况。面试是双向的，企业想寻找合适的员工，员工想了解企业。面试时企业应给应聘者一个轻松的环境。

（7）录用人员体检。

（8）试用。新聘用人员一般需经过一段时间的试用，并签订试用合同。试用期满由厂方确定试用者的去留。如继续考查，可延长试用期。

（9）录用、签订劳动合同。试用期结束后，员工所在部门出具试用期表现鉴定意见，试用合格的签订正式劳动合同。

5. 劳动合同签订

（1）合同期限和试用期。一般来说，企业与员工所签订的合同期限为 1～2 年，而试用期一般为 3 个月。

（2）劳动报酬和福利。工资是最敏感的内容，也是新员工最为感兴趣的内容。企业的工资一般为每月发放一次，企业应有固定的发薪日期。合同中也要包含福利部分的相关条款，如养老、医疗、失业、保险、休假等。

（三）员工培训

培训工作是企业持续发展的重要保证，是实施管理的重要补充。企业对员工进行培训是一种投资行为，而不能认为是一种成本支出，员工培训提高了员工素质，增强了企业的竞争力。

1. 培训内容

培训主要分为岗前培训、日常培训、定向培训。

（1）岗前培训。岗前培训主要包括职业道德、厂规厂纪培训，另外还应有工作流程、岗位职责培训。

（2）日常培训。根据不同岗位、工种、级别分别进行培训。企业管理人员培训政策法规、企业管理、市场动态及维修基础知识。维修人员的培训可分为初级工的培训、中级工的培训、高级工的培训。初级工培训汽车构造、汽车维修的基本知识，通用工具的使用，安全操作规程。中级工在初级工培训的基础上，学习汽车的结构原理、汽车故障排除、常修车辆的技术参数、零配件的使用标准、专用工具及专用仪器的使用。高级工在中级工培训的基础上，培训汽车零部件质量鉴定、维修质量检验、维修所用原材料的质量鉴定、金属磨损原理、机械制图阅读、电路图阅读等。

（3）定向培训。汽车维修企业根据工作的需要，选择有培养前途的员工到专业学校或同行业的优秀企业进行培训，也可安排他们参加行业管理部门组织的培训。

2. 培训形式

培训采用理论和实践相结合的方式，以调动参训人员的兴趣。

3．考试

考试是检验培训效果的一种有效方式，可分为笔试和实践操作。对考试优秀者，进行一定的物质和精神奖励，以调动全体人员的学习热情。

（1）笔试。维修人员的笔试主要考核基础理论、维修常识、故障排除方法等，业务接待员的笔试主要考核汽车构造、维修基本常识、服务规范等。

（2）实践操作考核。对于维修人员，主要考核仪器与工具的使用、故障排除等，考试时可在车上设计几个故障，考核维修人员排除故障的能力及排除故障的思路是否正确。对于业务接待员，主要考核其接待规范、突发事件的处理能力等，考试时可由一人扮成挑剔客户，提出一些苛刻的问题，考核业务接待员的语言、行为技巧等。

（四）工作绩效考核

1．工作绩效考核的作用

工作绩效考核的主要作用是引导员工的行为趋向于组织的经营目标，调整员工不规范的行为，以确保既定目标的实现。工作绩效考核还具有以下作用。

（1）让员工清楚企业对自己的期望和真实评价。

（2）为员工工资和奖金发放提供依据。

（3）为员工职务升迁提供依据。

（4）为企业领导者与员工沟通提供一个机会，企业领导者可及时获得员工的工作信息，为企业工作改进提供依据。

2．工作绩效考核指标

工作绩效考核指标很多，汽车维修企业的工作绩效考核主要应考虑以下几个方面。

（1）工作态度。包括工作责任感、主动性、工作热情。

（2）工作质量。

（3）工作量。

（4）出勤率。

（5）汽车维修技术技能。

（6）团队合作精神。

（五）激励机制

企业用适当的诱因去满足员工的需要，可以激励员工的工作积极性，提高其工作效率。激励机制包括物质激励和精神激励。

1．物质激励

物质激励包括以下四个方面的内容。

（1）员工工资。工资可直接反映当前员工的工作绩效。

（2）奖励制度。奖励员工在某一项目或某一时间内的特殊贡献。

（3）福利。福利包括养老保险、法定假日及带薪休假等。

（4）长期激励。体现员工长期的价值，如配乘用车、分配住房等。

2．精神激励

精神激励包括以下四个方面的内容。

（1）荣誉激励。表彰员工在某一方面的特殊贡献，或表扬突出事迹。荣誉激励应及时，以收到好的效果。

（2）感情激励。关心员工工作和生活，为员工设计职业生涯。

（3）参与激励。让员工参与企业管理，为企业献计献策。

（4）教育激励。向职工提供受再教育的机会。

（六）酬金管理

科学合理的酬金管理是一种动力，将极大地提高员工的工作效率，为企业创造更大的效益。不良的酬金管理，将挫伤员工积极性，使员工对企业产生不信任感，影响企业发展。酬金管理的基本原则是多劳多得，按劳分配。

1. 维修工人计酬方式

目前，国内汽车维修企业采用的计酬方式主要有按工时计酬、按产值计酬、工资加奖金计酬和保底工资加产值提成计酬四种。

（1）按工时计酬。

$$月工资=月工时费收入×提成比例$$

这种计酬方式上不封顶，下不保底，员工无最低工资保障。这种计酬方式适用于机修工、电工、钣金工，统计时不管材料费为多少，只统计工时费。

（2）按产值计酬。

$$月工资=月产值×提成比例$$

这种计酬方式适合涂装工人。涂装工人因其工种的特殊性，原材料易耗，且在工作中的人为因素对质量影响较大，所以采用全包干的分配方式，即涂装用的原材料及人工费均由涂装工人承包，然后再与维修厂分成。

此种计酬方式的缺点是，涂装工人为减少成本、增加收入有时简化工序、偷工减料，例如，本来应该喷三遍漆，结果只喷了两遍漆。因此采用此种计酬方式应加强质量检验，加强过程控制，对因简化工序、偷工减料而造成的返工由承修者承担全部返修费用，并进行经济处罚。

（3）工资加奖金计酬。

$$月工资=工资+补贴+奖金$$

工资：根据国家规定，分成几个档次，档次要考虑技术级别、工龄等。

补贴：包括工种劳保补贴、误餐补贴等。

奖金：按企业规定提取奖金。

此种计酬方式一般为国有企业采用。

（4）保底工资加产值提成计酬。

$$月工资=保底工资+产值（或利润）提成$$

此种计酬方式，员工有最低工资保障。

以上几种计酬方式的提成比例由厂方根据提供的生产条件、设备水平及当地汽车维修市场的行情而定。

2. 管理人员计酬方式

管理人员计酬方式分为按工人平均工资计酬和固定月（年）薪计酬两种，在此基础上，为加强管理人员的责任心，年底按效益情况再发放一定数额的奖金。

（1）按工人平均工资计酬。一般管理人员按工人平均工资发放，部门负责人按工人平均工资乘以系数计酬，不同级别的管理人员可选定不同的系数。

（2）固定月（年）薪计酬。采用此种计酬方式的人员为企业的高层管理人员、有专门技术或较高业务水平的管理人员。

三、团队建设

企业的团队战斗力，不仅取决于每一名员工的战斗力，也取决于领导与领导之间、领导与员工之间、员工与员工之间的相互协作、相互配合的团队战斗力。高绩效团队建设可以建立一种以价值观为基础的劳资关系，培养出有强烈团队意识和高忠诚度的员工。而一个涣散的团队，就像一只"漏水桶"一样，总是无法取得良好的经济效益。

（一）团队的基本要素

1. 全员参与管理

只有全员参与管理，才能建立团队精神。因此，要求在组织内人人都是执行者，人人都是管理者。

2. 互补的技能

发挥每一个人的技能，达到"1+1＞2"的效果。

3. 共同的目的和业绩目标

目的是共同的，但要分解为具体的工作业绩目标。

4. 共同的方法

避免内耗，寻找共同的工作方法，使团队成员在具体问题上达成一致。

5. 相互的责任

为共同目标努力时，责任心和信心随之而来。这种责任是对自己的承诺，也是对他人的承诺。

（二）高绩效团队建设的六大要素

1. 营造一种支持性的人力资源环境

为了创造一种高绩效的团队，管理层应该努力营造一种支持性的人力资源环境，包括倡导成员多为集体考虑问题，留下足够多的时间供大家交流，以及对成员取得成绩的能力表示有信心等。这些支持性的做法可以帮助组织向团队合作迈出重要的一步，因为这些步骤促进了更进一步的协调、信任和彼此之间的欣赏。因此，管理者需要为此架构一种良好的沟通平台。

2. 团队成员的自豪感

每位成员都希望在一支光荣的团队里工作，而一支光荣的团队往往会有自己独特的标志。例如，某些企业的涂装车间，其涂装质量在当地属一流，因此质量一流就是他们的标志，也是他们的骄傲。如果缺少这种标志，或者这种标志遭到破坏，员工作为团队成员的自豪感就会随之荡然无存。许多无知的管理者不知道，团队成员的自豪感，正是成员愿意为团队奉献的精神动力。

因此，从创建企业的形象系统，到鼓励各部门、各项目小组营造一种英雄主义的文化氛围，都会对团队的创造力产生积极的、深远的影响。

3. 让每一位成员的才能与角色相匹配

团队成员必须具备履行工作职责的能力，并且善于与其他团队成员合作。只有这样，每一位成员才会清楚自己的角色，清楚自己在每一个职能流程中的工作位置以及上一道工序和下一道工序。只有这样，每一个进入团队的人，才能真正成为这个团队的成员。如果能做到这一点，成员就能根据条件的需要，迅速行动起来，而不需有人下命令。换言之，团队成员能根据工作的需要自发地做出反应，并采取适当的行动来完成团队的目标。

例如，客户到维修厂修车，服务态度、维修质量、配件价格等各方面，客户都很满意，只是洗车人员在洗完车后没按服务流程把钥匙及时交到业务接待厅，结果让客户等待较久，引起抱怨。这时，企业为客户提供的服务质量就会由于某个人的失职而无法保证。

所以，高效率的团队需要每一位成员的才能与角色相匹配，并且在工作中，更需要所有成员同心协力，全力以赴。

4. 设定具有挑战性的团队目标

企业领导的职责不是自己的工作量有多少，而应是为团队设定一个具有挑战性的目标，并激励整个团队向整体目标努力。企业领导应让每一位成员意识到，只有所有成员全力以赴才能实现目标，所以应鼓励每一位成员的团队协作精神。这样能集中员工的注意力，一些内部的小矛盾往往也会因此消失或淡化。如果在整个团队全力以赴的时候还有成员患得患失，自私自利，就会受到别人的谴责。这样，整个团队会团结得更加紧密。

5. 正确的绩效评价

企业进行绩效评价有两个目的。

（1）绩效评价的评价考核性：希望通过对员工的考核判断他们是否称职，从而切实保证他们与职位的匹配以及他们的报酬、培训等的科学性。

（2）绩效评价的发展性：希望通过绩效评价帮助员工找出绩效差的真正原因，激发员工的潜能。

一个富有成效的绩效评价体系包括以下两种评价形式。

① 正式评价。

② 日常管理中的及时评价。

与绩效评价紧密相关的工作是如何科学地支付报酬。支付报酬的目的在于激发员工的创造力和团队合作精神。作为对团队所有员工绩效的认可方式，这些报酬体系，首先在设计上应该表现出"对内具有公平性，对外具有竞争性"的特点。当一位员工表现杰出时，企业就需要通过绩效评价来给予奖励。奖励包括物质奖励和精神奖励，例如，在发放奖金的时候，也可以同时颁发"月度最佳员工""月度优秀团队"之类的奖状。这样，那些奖金就会变得富有感情色彩。

6. 系统地学习提升

通过系统地学习，提升团队的能力，持续保持团队的活力。系统地学习提升包括创建学习型组织和打造学习型个人。

（三）团队领导的素质

俗话说："火车跑得快，全靠车头带。"一个团队成就的大小与其领导者的素质有很大的关系。团队领导应具备以下素质。

（1）具有正确的价值观念和极强的责任感和事业心。

（2）具有团队凝聚力，将团队成员凝聚，共同协作，朝共同的目标努力。

（3）具有全局观。

（4）具有良好的沟通技能、协调能力。

（5）能以身作则，要求员工做到的，自己要先做到。

实训　招聘考察问题

（1）请你自我介绍一下好吗？

回答提示：一般人回答这个问题习惯只说姓名、年龄、爱好、工作经历，其实，这些在简历上都有。招聘方最希望知道的是你能否胜任工作，包括你最强的技能、个性中最积极的部分、做过的最成功的事、主要的成就等，这些可能与学习成绩的好坏无关，但要突出积极的个性和做事的能力。另外，招聘方很重视一个人的礼貌，求职者要尊重考官，在回答每个问题之后都应说一句"谢谢"。

（2）你觉得你个性上最大的优点是什么？

回答提示：团队意识、沉着冷静、条理清楚、乐观向上、关爱他人、适应能力强和有幽默感等。

（3）你最大的缺点是什么？

回答提示：这个问题招聘方问的概率很大，通常不希望听到直接回答缺点，如求职者说自己小心眼、爱忌妒人、非常懒、脾气大、工作效率低，招聘方肯定不愿录用你。更不要自作聪明地说"我最大的缺点是过于追求完美"，有的人以为这样回答会显得自己比较出色，但事实并非如此。此时比较有技巧的回答方法是，求职者从自己的优点说起，中间加一些小缺点，最后再把问题转回到优点上，突出优点的部分。

（4）你对薪资的要求是多少？

回答提示：招聘方通常都事先对求聘的职位定下开支预算，因而他们第一次提出的薪资往往是他们所能给予的最高水平，他们问你可能是想证实这种薪资水平你是否能够接受。所以，如果你对薪酬的要求太低，那显然贬低了自己的能力；如果你对薪酬的要求太高，那又会显得你对自己评价过高，公司也不愿聘用。

回答样本1："我对工资没有硬性要求，我相信贵公司在这方面会合情合理。我注重的是这个工作机会，所以只要条件公平，我不会计较太多。"

回答样本2："我受过系统的汽车专业能力的训练，不需要进行大量的培训，就可直接上手工作，而且我本人也对汽车特别感兴趣。因此，我希望公司能根据我的情况和市场水平，给我合理的薪水。"

如果你必须自己说出具体数目，请不要说一个宽泛的范围，那样你将可能只能得到最低限度的数字。最好给出一个具体的数字，这样表明你已经对当今的人才市场做了调查，知道像自己这样学历、能力的雇员有什么样的价值。

（5）你对加班的看法如何？

回答提示：实际上招聘方问这个问题，并不证明一定要加班，只是想测试你是否愿意为公司奉献。

回答样本："如果工作需要，我会义不容辞加班。我现在单身，没有任何家庭负担，可以全身心地投入工作。但同时我也会提高工作效率，减少不必要的加班。"

（6）如果通过这次面试我们录用了你，但工作一段时间却发现你根本不适合这个职位，你怎么办？

回答提示：一段时间发现工作不适合你，有两种情况。①如果你确实热爱这个职业，那你就要不断学习，虚心向领导和同事请教业务知识和处事经验，了解这个职业的精神内涵和职业要求，力争减少差距；②如果你觉得对这个职业热情不高，只作为谋生手段，可考虑尽早换个职业，去发现适合你的、你热爱的职业，那样你的发展前景也会更广阔，对单位和个人都有好处。

（7）你对跳槽的看法如何？

回答提示：①正常的"跳槽"能促进人才合理流动，应该支持；②频繁"跳槽"对单位和个人双方都不利，应该反对。

（8）工作中难以和同事、上司相处，你该怎么办？

回答样本：①"我会服从领导的指挥，配合同事的工作。"②"我会从自身找原因，仔细分析是不是自己工作做得不好让领导不满意，同事看不惯。还要看看是不是我为人处世方面做得不好，如果是这样的话我会努力改正。"③"如果我找不到原因，我会找机会跟他们沟通，请他们指出我的不足，有问题就及时改正。"④"作为优秀的员工，应该时刻以大局为重，即使在一段时间内，领导和同事对我不理解，我也会做好本职工作，虚心向他们学习。我相信，他们会看见我在努力，总有一天会对我微笑的。"

（9）你对我们公司了解多少？

回答提示：面试前上网查一下该公司的各方面情况，做到心中有数。

（10）最能概括你自己的三个词是什么？

回答提示：比如感恩、责任心、团队合作，可以结合具体例子向主考官解释。

（11）你的业余爱好是什么？

回答提示：你的业余爱好应该是适合团队合作的，可举一个真实的例子。例如喜欢打篮球等。

（12）你欣赏哪种性格的人？

回答提示：诚实、实干而且有创新能力的人。

（13）你通常如何对待别人的批评？

回答提示：①洗耳恭听、反思自己并接受建设性的批评。②事后与人心平气和地沟通，做到有则改之、无则加勉。

（14）怎样对待自己的失败？

回答样本："正确面对，总结教训，相信我能改正自己的错误，不再犯第二次"。

（15）你为什么愿意到我们公司来工作？

回答提示：对于这个问题，你要格外小心，如果你已经对该单位做了深入了解，你可以回答一些详细的原因。例如，"你们公司的经营理念和发展环境很吸引我""我希望能够进入一家与我共同成长的公司""你们公司一直都稳定发展，近几年来在市场上很有竞争力""我认为贵公司在员工的教育培训，升迁等方面制度也比较成熟，能够给我提供一个与众不同的发展道路。"这都显示出你已经做了一些调查，也说明你对自己的未来有了较为具体的远景规划。

（16）如果录用了你，你将怎样开展工作？

回答提示：如果应聘者对于应聘的职位缺乏足够的了解，最好不要直接说出自己开展工作的具体办法。可以尝试采用迂回战术来回答，如"首先听取领导的指示和要求，然后就有关情况进行了解和熟悉，接下来制订一份近期的工作计划并报领导审批，最后根据计划开展工作。"

分析：问这个问题的主要目的也是了解应聘者的工作能力和计划性、条理性，而且重点想要知道细节。如果采用如上所讲的迂回战术，面试官可能会认为你回避问题，他会多次引导你，在这种情况下，如果你仍然是采用迂回战术的话，招聘方可能不会录用你。

（17）你希望与什么样的上级共事？

回答提示：①通过应聘者对上级的"希望"可以判断出应聘者对自我要求的意识，这既是一个"陷阱"，又是一次机会；②最好回避对上级具体的希望，多谈对自己的要求，如"作为刚步入社会的新人，我应该多要求自己尽快熟悉环境、适应环境，暂时不应该对环境提出过多要求，只要能发挥我的专长就可以了。"

分析：这个问题比较好的回答是，"希望我的上级能够在工作中对我多指导，对我工作中的错误能够立即指出。"总之，从上级指导这个方面谈，不会有大的纰漏。

（18）与上级意见不一致时，你将怎么办？

回答提示：①一般可以回答"我会给上级以必要的解释和提醒，在这种情况下，我会服从上级的意见"。②如果面试你的是总经理，而你所应聘的职位另有一位经理，且这位经理当时不在场，可以回答"对于非原则性问题，我会服从上级的意见，对于涉及公司利益的重大问题，我希望能向更高层领导反映。"

分析：这个问题的较好的回答是思路①，②的回答有些欠妥。在没有了解该公司的内部情况时，越级报告是不合适的。

（19）除了本公司外，你还应聘了哪些公司？

回答提示：这是相当多公司会问的问题，其用意是要概略知道应聘者的求职志向，所以就算不便说出公司名称，也建议回答"与贵公司同行业的公司"，如果应聘的其他公司是不同业界，容易让人产生求职目标不够专一的感觉。

思考与练习

（1）员工招聘需考虑哪些因素？招聘后的员工如何培训？

（2）汽车维修企业绩效考核的主要指标有哪些？

（3）汽车维修企业的激励机制如何实施？

（4）高绩效团队建设的要素有哪些？

知识拓展

一、日本的人力资源管理模式

日本的人力资源管理很值得我们学习。日本的人力资源管理模式是在第二次世界大战以后日本经济复苏和高速发展的时期形成的。日本企业中独到的人力资源管理制度，为日本的经济腾飞做出了突出的贡献。综观日本成功企业的人力资源管理，他们坚持了如下几个原则，很值得我们借鉴。

1. 重素质、重员工培训

企业聘用员工时，不看重个人的具体技能，而是强调基本素质。他们认为高素质的员工可以通过企业自己的培训，胜任从事的工作，这样他们在培训新员工上就要花更大的功夫。

员工在培训中，不仅要学习技术方面的"硬技能"，而且还要学习企业内部的管理制度、上下左右关系和行为准则等很多"软知识"和"软技能"。这些软知识和软技能的一个特点是，只有员工继续在本企业工作，这些知识和技能才能发挥作用，帮助员工提高劳动生产率。

2. 注重内部选拔

日本企业里有新的工作岗位时，会尽量培训已有的员工，通过内部调节来满足需要。员工要从基层进入企业，然后在按部就班提拔的过程中熟悉情况，与相关人员建立起工作和个人关系，为以后从事管理工作创造条件。

3. 提倡终身就业

从企业方面来看，在对员工进行大量的培训以后，一般也不愿意员工离开企业，因此，即使是经济不景气时，企业也不轻易解雇员工。这样员工在企业终身就业，其利益就和企业完全拴在一起了。另外，由于员工对企业经营情况的及时了解和对企业的依赖，使员工更加愿意也更加容易与企业合作，这样就形成了企业中合作性的劳资关系。

日本企业独特的人力资源管理模式及其在战后经济复苏和高度发展时期的巨大作用，引起了人们对这种管理模式的极大兴趣。其独特的人力资源管理模式的出现，固然有其特殊的历史文化渊源，如强调合作和集体主义精神等。但战败后的经济惨状，迫使日本企业寻求一种灵活的、大规模的生产方式，即分工不能太细，规章制度也不能太多，这样才能随时根据生产的需要，把劳动力在不同的部门和工种之间来回地调动。灵活的大规模生产的特点，决定了在这种生产制度下，普通员工的素质和责任心对企业的成功是至关重要的。如何保证员工的利益，使员工忠于企业，尽最大的努力保证生产的顺利进行和产品的高质量等，都需要企业为员工提供如内部选拔、终身就业保障等一系列的人力资源管理模式。

二、丰田的人力资源开发体系

丰田汽车公司创造了一整套行之有效的人力资源开发体系，这种体系是一个金字塔形的结构，由四部分组成。

（1）与汽车维修职业学院合作，为丰田汽车售后服务培养后备人才。

（2）对经销店的员工进行一般维修、业务接待、钣金涂装的培训，提高员工的基本技能。

（3）对经销店的服务经理进行经营管理培训，使经销店有好的效益。

（4）举办技能比赛，提高员工学技术的兴趣。

三、上汽大众人力资源的管理

1. 人力资源管理八原则

上汽大众人力资源管理八原则是上汽大众人力资源团队在持续的工作和实践中，不断地汲取先进的文化和理念，并结合中国的国情和上汽大众自身的特点所建立起来的先进的人力资源管理理念。可以这么认为，他们的人力资源管理工作和项目都是在这些原则和理念的指导下进行和完成的。

八原则是：坚持以满足企业的可持续发展、强化核心竞争力为人力资源管理工作的出发点；直线经理是第一人力资源经理，培养和辅导员工是重要的领导工作；员工是个人发展的主体，人才的发展是一个循序渐进的过程；人力资源管理部门负责宏观政策规划和指导，并提供系统、工具和服务；在微观上，依靠市场机制合理配置人力资源；人人都有多元化的发展道路；人人爱岗敬业；倡导员工的企业家精神。

2. "呼吸机制"构成

《庄子·刻意》云："吹呴呼吸，吐故纳新。"一个企业的吐故纳新、创意变革，往往是在灵活结合企业价值观与原则的基础上，统一并建立起来的。上汽大众人力资源管理的"呼吸机制"代表企业价值观与人力资源管理原则的统一，以人为本，强调多元和灵活。

上汽大众人力资源管理的呼吸机制分为"工作时间的呼吸机制"和"人员的呼吸机制"两部分，它们的作用也各不相同。

实际上，大部分企业呼吸机制的功能是靠工作时间的呼吸机制来完成的。对于市场普通的波动，工作时间的呼吸机制将足以保证企业的呼吸，使企业能够根据市场需求使用员工的工作时间，实时保证市场供应且不造成工作时间浪费。但是，市场井喷和骤减的时候对工作量产生的巨大增量和减幅仅仅靠工作时间的呼吸机制是难以保证的。这个时候，他们就需要启动人员的呼吸机制，这个机制可以保证企业有足够数量和质量的员工迅速补充到工作中去。这一机制的反应时间只需要几天，甚至更短。当然，市场长时间持续低迷或骤减的时候也会产生工作时间的呼吸机制无法承担的工作时间溢出现象。这个时候，他们也会采取退人的方法，不过这个风险也由另外一个项目——劳务工项目将其对企业和员工的影响减小到最低。

（1）工作时间的呼吸机制。

上汽大众的工作时间的呼吸机制由四部分组成：工作时间的弹性系统、工作班次的弹性系统、周工作天数的弹性系统和时间有价证券。它们从不同程度上实现了工作时间的弹性。其中，时间有价证券实现了员工在工作生涯中的工作时间弹性，当然，时间有价证券的功能不仅仅如此。

这四个子系统为企业和员工提供了一个机会，使他们可以根据工作和任务的要求，结合自己的状况，实现从单日工作时间到职业生涯这样时间长度的工作时间弹性。

① 在工作时间的弹性系统中，上汽大众将人员分为A～F和Z七类。其中，A类人员为直接生产工人，B类人员为技术生产工人，C类人员为专业技术管理人员，D类人员为专家和管理层人员，E类人员为高级专家和二级经理，F类人员为特级专家和一级经理，Z类人员为辅助生产人员。根据不同类别人员工作性质的特点，在工作时间弹性系统中设立了相应的措施。

对于D、E、F类人员，往往由于存在处理工作的不定时性与紧要性，实行不定时工作制；而对于C类专业技术管理人员，他们的实际工作时间是以工作量和任务来要求的，所以上汽大众采取了以年周期的弹性工作时间系统来管理工作时间。员工根据工作需要自主平衡工作时间。弹性工作时间是将工作时间分为核心时间和弹性时间，核心时间是员工必须到岗工作的时间（如包含午餐时间在内的9:00—15:30），每天至少工作6h（即每天最多支取两小时）。而弹性时间是员工可以根据工作和任务的要求调整的上下班时间（如上午7:00—9:00，下午15:30—19:30期间），目前的月弹性幅度为±40h。需要特别注意的是，该制度必须得到劳动保障部门的批准和企业工会的认同；必须保证工作和生产，不改变工资结算办法；采用弹性工作时间的员工要服从企业、部门或组织的整体工作安排。调查数据表明，上汽大众弹性工作时间在试行阶段（2004年5月—2004年7月），领导与员工的支持率分别为100%和98.67%。自主安排工作时间实现了员工工作模式从朝九晚五的时间导向转向了任务导向，员工不再担心由于交通、家庭事务或其他突发事件造成的迟到和早退，而由于工作状态好、灵感突现或工作任务而产生主动或被动要求的延长工作时间也得到了合理的认可。这些都使他们的工作积极性进一步被调动起来，工作效率得到了提高。另一方面，在一定意义上说，这种工作方式使企业获得的有效工作时间大大提高，也延长了企业或部门的营运时间。

上汽大众对于直接生产工人、技术生产工人和辅助生产人员这 A、B、Z 三类人员，实行综合计算工时制，同时，为每位员工设立"时间账户"。将加班时间（视为正值）存入时间账户，歇工（视为负值）时进行平衡。这种制度稳定了员工队伍，同时也保障了生产的组织可以根据不断变化的产量来安排而不浪费工时。时间账户的上限即平衡累计后的延长工作时间（即加班时间）年度末结算时不得超过 432h，下限即透支工作时间（平衡后余留的歇工时间）在 168h 以内暂不扣发工人工资，从而保证了员工收入和生活的稳定。

例如，在某时段市场低迷时，减少员工的生产时间，员工从时间账户支取先前加班存入的时间或透支时间账户。这样，企业既保证了相当的人员储备，也储备了工作时间，一旦市场反弹便可迅速提高产量。反之，在市场需求增加的时候也可以相应地运用之前在时间账户中的储备。

② 对于工作班次的弹性系统和周工作天数的弹性系统，其实是弹性工作时间系统的一种延伸和推广，这在国内很多企业中也有应用。但是，这些系统在时间账户的建立和实施后变得更加灵活，无论是"四班三运转""六天两班""做四休三"，甚至更加复杂的排班方式，一律把加班时间或歇工时间用"时间账户"来平衡，这也使得薪酬工作变得简单和高效，同时也稳定了员工的工作和生活。

③ 时间有价证券实际上是将员工的延长工作时间转变为有价证券并加以运作增值的一种工具。把员工的延长工作时间折算成报酬，加上员工和企业投入的资金，运用先进的人力资源和金融手段加以运作保证其增值。在支取时，可以根据一定的原则，提取现金，或者提取时间。简单地说，就是存入货币或者时间，加以运作增值后，提取货币或时间。这种方式实际上是实现了员工工作生涯的时间弹性。理论上，如果你愿意，可以在年轻的时候多做些，体弱或年老时少做些，或者取出成块的时间读书、休假甚至提前退休。当然，这项工作在某种意义上是工作时间的"跨年度结算"，这里还需要在劳动政策上作进一步的探讨。时间有价证券的另外一个功能是实现员工的长期福利，可以想象，当员工在需要时提取现金，或者在退休后将时间有价证券中的价值转入企业年金，这对保障和提高员工的生活水平是很有意义的。

（2）人员的呼吸机制。

虽然大部分时间上汽大众都是以工作时间的呼吸机制来实现企业根据市场变化进行的呼吸，但是，当市场剧烈变化时，人员的呼吸机制就将启动。当然，人员的呼吸机制还有一个功能，即在市场生产变化时期，其储备模块也可以发挥在企业发展中的人才储备和发展的功用。

上汽大众将人员储备分为直接生产工人、技术生产工人、专业技术管理人员、技能师、专家、领导干部六类。

① 由于要保证一定数量和质量的直接生产工人能够在几天甚至一天内投入生产，"临时抱佛脚"的招聘方式是无法保证企业需求的。上汽大众采用了企业、人力资源公司或劳务公司、学校三方合作的办法。由人力资源公司或劳务公司根据企业的要求招募人员，在体检合格后根据企业提供的要求由学校进行应知应会的培训和考试，并完成体检和安全教育。这

样，一定数量和质量的直接生产工人就储备起来了。当然，这当中会产生一些费用，但比起临时的招聘和培训，这种做法的"性价比"要高很多。

② 技术生产工人的储备也需要学校的合作，但要复杂得多。学校要选择那些资质和专业符合需要的专业学校。具体做法是在学生完成专业基础课程的学习后，在最后一年或半年引入"企业培养机制"，由企业来完成这些经过选拔的学生的学习和实践，这个过程得到了合作学校的支持和认可，学习和考核结果也会记入学生的学业。通过这种方式，实际上能够合格毕业的学生已经完全满足上汽大众技术工人的要求，而且经过了实践。对于这些人员，即便是第二天就开始投入生产，企业也无须担心。

③ 专业技术管理人员的储备实际上是通过"实习生项目"和"大学生人才库"两个项目来实现的。传统的选拔和招募方式，实际上很难在短短的一天或几天对一位学生或者社会应聘者做全面的了解。关键是企业也很难让学生或者社会应聘者在这么短的时间里面充分了解企业的文化、理念、流程、工作方式等，这些都会给企业在招聘后的人员配置方面带来麻烦，会带来人力资源管理成本的增加和员工满意度的降低。通过以上两个项目，企业让学生和应聘者进入实际的工作流程，通过两个月甚至更长时间的实践，企业和应聘者双方都能够在充分了解的情况下进行选择。同时，上汽大众也可以通过这两个项目，实现一定数量的专业技术管理人员的储备。

④ 技能师、专家和领导人员的储备，上汽大众是通过企业员工多元化发展道路实现的。在上汽大众的发展体系中，员工可以根据自身特点规划自己的发展道路，企业则提供系统、工具和服务。这当中，上汽大众的内部人才市场发挥了非常积极的作用，这也是上汽大众人力资源管理八原则的第五原则："在微观上，依靠市场机制合理配置人力资源。"在建立完备的人员发展体系后，上汽大众为人才的脱颖而出创造了良好的机制。这当中，以上三种人员的储备，仅仅是收获之一。

上汽大众的人力资源管理工作，通过纵向发展、宏观控制和横向流动、市场调节，层层选拔，为上汽大众提供了源源不断的人力资源后备力量。

整个人员储备就像一个金字塔，使上汽大众流动的人才市场化机制和不断变通的人才信息保障体系融合创新，就像汹涌澎湃的潮水，厚实的基础人才底蕴汇聚成坚实向上发展的巨浪，不断地分流并吸收更多的知识与技术能量。同时，尖顶的金字塔又表达了上汽大众完善的发展目标，既是员工的个人奋斗目标，也是企业发掘金子人才的伯乐目标，也是上汽大众为更广阔的前景而设置的终极目标。可以说，流动与完善的培训发展机制塑造了尖顶的金字塔，从而提升了上汽大众的人员储备能力。

3. 上汽大众人力资源管理的变化

（1）上汽大众的人力资源发展趋势的变化。"没有满意的员工就不会有满意的客户"，已成为上汽大众的心得。审视上汽大众的企业文化体系不难发现，他们将员工视作企业最宝贵的财富，将"以人为本"奉为企业核心的管理理念。考察该企业的人力资源管理模式也不难发现，他们已经抛弃了以监督与控制为主的模式，转向了以领导与激励为主的模式。这些变化归根结底源自于人力资源管理理念的变化，即不再将员工视作"逃避工作、喜欢偷懒的人"，而是将其视作"愿意承担责任、能够自我指导与控制的人"。尊重、理解、信任和关心员工，将成为未来企业成功的重要"基因"。

（2）人力资源管理重点的变化。技术日新月异的变化，知识员工队伍的扩大，使人力资源管理的重心从原来对可用性的重视转向了对发展性的强调，建立以核心能力为中心的人力资源管理体系成为一种趋势。职业生涯设计和继任者计划也成为企业留住核心员工的不可或缺的管理工具。

（3）人力资源管理手段上的变化。自20世纪80年代以来，面对员工忠诚度普遍下降但对于企业发展贡献率不断上升的现实，人力资源管理也从常规管理走向了创新管理，管理手段上的创新可谓层出不穷。仅以激励手段而言，不仅出现了以岗位和职务为基础向以业绩、技能和胜任力为基础的薪酬体系的转变，而且为了企业的持续发展和满足员工的发展需求，也衍生出了像股票期权、利润共享等长期激励的手段，以及工作内容丰富化、参与式管理、弹性工作时间等更加个性化的精神激励手段。不仅使员工的个性化需求得到更好的满足，而且也提高了人力资源管理的效率，为人力资源管理者将更多的精力集中到对企业价值贡献更大的管理活动中创造了条件。

"企业呼吸机制"展现了上汽大众人力资源管理模式的变化，它的经验和意义为更多的企业开辟了操作模式上的先河；在创造产业价值的同时，也翻开了人力资源工作在企业发展中的崭新一页。

项目八
配件管理

项目导入

　　小林投资 5 万元开了一家小型汽修厂，整天忙忙碌碌，3 年后，却几乎没留下多少积蓄。但小林的仓库却有很大变化，当初只有一个货架，货还不满，现在 6 个货架都盛不下，小林觉得总价值至少有 30 万元。一个做了多年配件保管的朋友帮他盘点了一下，里面有 1/3 淘汰车型的配件，有 1/3 不常用配件且这部分配件价值很高，剩下的是常用件，但里面有不少是损坏的。估算下来整个仓库配件只值七八万元。

　　那么企业该如何采购、保管配件和合理控制库存呢？

项目要求

➢ 了解配件采购的重要性、采购原则及供应商的选择。
➢ 掌握配件仓库布局的原则、配件的出入库及盘点。
➢ 了解仓库管理规定的相关内容。
➢ 掌握配件库存控制的范围、方法及流程。
课时：6 课时

相关知识

一、配件采购管理

（一）配件采购的重要性

在企业里，配件采购是非常重要的，其重要性体现在以下几个方面。

（1）采购配件成本占生产总成本的比例很大。若配件无法以合理的价格购得，则直接影响到企业的经营。若采购价格过高，则维修成本也高，影响到企业的利润；若采购价格过低，则很可能采购的配件品质很差，影响到维修质量，从而使企业市场竞争力下降。

（2）采购周转率高，可提高资金的使用效率。合理的采购数量与适当的采购时机，既能避免停工待料，又能降低配件库存，减少资金积压。

（3）配件采购快慢、准确与否以及品质优劣直接关系到车辆维修工期和客户满意度。

（4）采购部门可在搜集市场情报时，提供新的配件代替旧配件，以达到提高品质、降低成本的目的。

（5）采购部门经常与市场打交道，可以了解市场变化趋势，及时将市场信息反馈给公司决策层，促进公司经营业绩增长。

（二）配件采购原则

（1）配件采购应有计划地进行，防止无计划采购。尤其是综合性维修企业，需用的配件品种多，若无计划采购，势必造成资金积压。配件采购应由仓库保管员按储备定额，提出月度采购数量，由计划员进行平衡，列出采购计划。

（2）采购配件时，用途不明的不购，规格不清的不购。

（3）配件采购要保证质量，质量不符合规定的不购。

（4）采购计划是进行采购的依据，对有疑问的地方，应查明原因，不能擅自变更。

（5）副厂件的采购需经技术和生产使用单位同意，以免造成配件的积压。

（6）对价值高的配件，如发动机、变速器总成等，必须落实好客户方可购入。

（7）采购配件时，不可图便宜而采购假冒伪劣产品。

（8）采购配件应坚决反对"吃回扣"等不正之风。

（三）采购部门的职能

（1）寻找配件供应来源，对每项配件的供货渠道进行调查，掌握供应来源。

（2）要求报价，进行议价，有能力进行估价，并做出评估。

（3）查证进厂配件的数量与质量。

（4）对供应厂商的价格、品质、交期、交量等做出评估。

（5）掌握公司主要配件的市场价格起伏状况，了解并分析市场走势，控制成本。

（6）依采购合约或协议控制协调交货期。

（7）预防与处理呆料与废料。

（四）供应商选择

供应商选择是采购中一项非常重要的工作。供应商供应配件顺畅，可以使生产不会因为呆料而停工；进料品质稳定，可以保障配件品质的稳定；交货日期准确，有利于保障公司产品出货期；各项工作良好地配合与协调，可以使双方的工作进展顺利。因此，选择优秀的供应商是非常重要的。

1. 供应商选择的主要内容

（1）供应商管理人员水平和专业技术能力：主要包括管理人员素质的高低、管理人员工作经验是否丰富、技术人员素质的高低。

（2）配件供应状况：主要包括产品所有配件的供应来源；供应渠道是否通畅；配件品质是否稳定；供应商配件来源发生困难时，其应变能力的高低等。

（3）质量控制能力：主要包括组织是否健全、质量控制制度是否完善、配件的选择及进料检验的严格程度、品质异常的追溯是否程序化等。

（4）财务及信用状况：主要包括每月的销售额、来往的客户、经营的业绩及发展前景。

（5）管理制度规范：主要包括管理制度是否系统化、科学化，工作指导规范是否完备，执行是否严格。

2. 供应商考核的主要内容

（1）对原有供应商的考核：包括近年来提供配件的业绩、供货能力、质量、服务、价格、履约能力、交货、财务状况等是否符合规定要求，并进行评价，评价后填写"供方调查评价表"，经配件经理审核后，报公司审查。

（2）对新的供应商的考核：包括所需配件的技术要求，并明确规格、品牌、厂家、标志等作为采购依据，采取调查和样品评价方式，按质量担保期长短、价格是否合理、交付是否及时、服务是否周到和在就近地区五原则对供应商进行评价。

（3）采购部门每年对合格供应商复评一次，对连续 3 次有不合格品或不能及时供货的供应商，应进行重新考核。

（4）对同批次不合格品达到 5%的供应商提出纠正意见，并要求其及时采取措施加以纠正。对问题严重且无能力纠正的，应取消其供应商资格。

（五）正确选择供货方式

（1）做好市场预测，掌握配件商情。

（2）对于需求量大的配件，应尽量选择定点供应直达供货的方式。

（3）尽量采用与供应商签订合同直达供货的方式，减少中间环节，加速配件周转。

（4）对需求量少的配件，宜采取临时采购方式，减少库存积压。

（5）采购形式采取现货与期货相结合的方式，现货购买灵活性高，能适应需要的变化情况，有利于加速资金周转。对需求量较大、消耗规律明显的配件，采取期货形式，签订期货合同，有利于供应商及时组织供货。

二、仓储管理

（一）配件仓库布局的原则

1. 有效利用空间

（1）根据库房大小及库存量，将零部件按大、中、小型进行分类放置，以便节省空间。

（2）用纸盒保存中、小型零部件。

（3）用适当尺寸的货架及纸盒保存零部件。

（4）将不常用的零部件放在一起保管。

（5）留出用于新车型的零部件的空间。

（6）没有用的零部件要及时报废。

2. 防止出库时发生错误

（1）将零件号完全相同的零部件放在同一纸盒内。

（2）不要将零件号完全相同的零部件放在两个以上不同的地方。

（3）不要将未编号的零部件放在货架上。

3. 保证零部件的质量

（1）保持清洁。

（2）避免高温、潮湿。

（3）避免阳光直射。

4. 配件仓库的基本设施

（1）配备专用的配件运输设施。

（2）配备适用于配件的专用货架、货筐等。

（3）配备必要的通风、照明及防火器材。

5. 仓库基本要求

（1）仓库各工作区域应有明显的标牌，如发料室、备货区、危险品仓库等。

（2）有足够的进货、发货通道和配件周转区域。

（3）货架的摆放要整齐划一，仓库的每一条过道要有明显的标志，货架应标有位置码，货位要有零件号、零件名称。

（4）为避免配件锈蚀及磕碰，严禁将配件堆放在地上。

（5）易燃易爆物品应与其他配件严格分开管理，存放时要考虑防火、通风等问题，库房内应有明显的防火标志。

（6）非仓库人员不得随便进入仓库内，仓库内不得摆放私人物品。

（二）配件的位置码管理系统

1. 位置码简介

位置码就是标明配件存放位置的代码，它是空间三维坐标形象的表现。对于空间三维坐标，任何一组数字（a，b，c）总可以找到唯一的一点与它对应，也就是一点确定一个位置，一个位置只能放置一个件。三维坐标（a，b，c）中的数字，即相当于说明该件的位置为（过道/货架号，列，层）。

2. 位置码编制的原则

（1）根据修理项目进行编码。

（2）配件的存放位置便于取放。

（3）流动量大的配件应放在前排货架，方便配件人员查找和取用；流动量小的配件应放在后排货架。

3. 位置码编制步骤

（1）按区（库）分类。根据维修车辆的类型或企业的具体情况，不同车型的配件应存放在不同的库房（如1号库、2号库等），或放在同一库房的不同分区。同一个库房可按配件类别分成几个区（如Ⅰ区、Ⅱ区等），如果库房面积较大也要分成几个区（如一区、二区等）。

（2）按过道（货架号）编排。x轴表示第几过道（或第几货架），用 A，B，C，…表示。

（3）按列编排。y轴表示第几列，用1，2，3，…表示。列数如果较多，列号建议采用阿拉伯数字 01，02，03，…表示，以增加列数。列号的编排顺序一般有从左到右、环形、蛇形等几种。

（4）按层编排。z轴表示第几层，用 A，B，C，…表示，一般从上至下或从下至上编排。

（5）张贴位置码标牌于货架上，标牌内容如图 8-1 所示。

（6）位置码中的数字一定要通过英文字母分开书写。

（7）配件的存放。要根据配件销售频率、体积、质量的大小及配件号大类、小类的先后顺序存放，即最前面是各种车型型号，然后是主组、子组的号码（有字母的按字母的顺序排列）。

图 8-1　位置码标牌

（8）配件存放在货架上，要考虑预留空货位，它可作为配件号的更改及品种增加时的补充，这些预留货位可以直线排列、对角排列或间隔排列。

（9）货架的布置。摆放货架（中货架、小货架、专用货架）可根据具体情况实施，货架可背靠背，也可单排摆放，以方便实用为原则。

（三）配件入库管理

配件入库是物资存储活动的开始，也是仓库业务管理的重要阶段，这一阶段主要包括到货接运、验收入库和办理入库。

1. 到货接运

到货接运时要对照货物运单，做到交接手续清楚，证件资料齐全，为验收工作创造条件，避免将已发生损失或差错的配件带入仓库。

2. 验收入库

验收入库是按照一定的程序和手续对配件的数量和质量进行检查，以验证它是否符合订货合同的一项工作。配件到库后首先要在待检区进行开箱验收工作，并检查配件清单是否与货物的品名、型号、数量相符，做到"一及时"（货到后及时开箱验收）和"五不入"（发现品名不符不入、规格不符不入、质量不符不入、数量不符不入、超储备不符不入）。

随时填写验收记录，不合格品由配件主管进行处理，及时填写来货记录。

（1）验收准备。准备验收凭证及有关订货资料，确定存货地点，准备装卸设备、工具及人力。

（2）核对资料。入库的配件应有的资料包括入库通知单、供货单位提供的质量证明书、发货明细表、装箱单、承运单位提供的运单及必要的证件。

（3）实物检验。主要检验配件质量和数目。

3. 办理入库

验收合格的配件，应及时办理入库，入库内容包括购进时间、配件编号、配件名称、单位、数量。配件保管员打印入库单，由配件负责人（或财务负责人）审核签字。

（四）配件出库管理

1. 配件出库原则

（1）配件出库要及时、准确，使出库工作一次完成。

（2）认真贯彻"先进先出"的原则，减少配件储存时间。

2. 配件出库程序

（1）出库前的准备。仓库要掌握用料规律，及时准备好所需的设备、人员等。

（2）核对出库凭证。出库前必须有一定的凭证手续，严禁无单或白条发料。保管员接到发料通知单，必须仔细核对，确认无误后才能发料。

（3）备料。按照出库凭证进行备料，同时变动料卡的余额数量，填写实发数量和日期。

（4）复核。为防止出错，备料后要进行复核。主要复核出库凭证与配件的名称、规格、数量是否相符。

（5）发料和清理。复核无误后即可发料，发料后应清理现场。当日应登销料账、清理单据等。

（五）仓库管理规定

（1）仓库人员必须熟悉仓库的配件品种信息，能够快速准确地进行发货及各种出库操作。

（2）库存物资应根据其性质和类别分别存放。

（3）仓库管理要达到四洁、四无、四齐的管理标准。

四洁：库容清洁、物资清洁、货架清洁、料区清洁。

四无：无盈亏、无积压、无腐烂锈蚀、无安全质量事故。

四齐：库容整齐、堆放整齐、货架整齐、标签整齐。

（4）对库存物资要根据季节气候勤检查、勤盘点、定期保养。对塑料、橡胶制品的配件要做到定期核查和调位。

（5）库存物资要做到账、物相符，严禁相同品名、不同规格和产地的配件混在一起。

（6）库内不允许有账外物品。

（7）配件发放要有利于生产，方便维修人员取用，做到深入现场，满足工人的合理要求。

（8）仓库管理人员要努力学习业务技能，提高管理水平，做到四会、三懂、二掌握、二做到。

四会：会收发、会摆放、会计算机操作、会保养材料。

三懂：懂用途、懂性能、懂互换代用。

二掌握：掌握库存物资质量、掌握物资存放位置。

二做到：一做到见单能准确、快速发货，二做到日核对、月结、月盘点。

（9）危险品库管理要达到四洁、四无标准。

四洁：库区、库房、容器、加油设备整洁。

四无：无渗漏、无锈蚀、无油污、无事故隐患。

（10）严禁发出有质量问题的配件。

（11）因日常管理、保养不到位及工作失误造成物资报废或亏损的，应视其损失程度追究赔偿责任。

（六）呆料、废料管理

1. 呆料、废料的概念

呆料是指物料存量过多，耗用量极少，而库存周转率极低的物料，这种物料可能偶尔耗用少许，下次不知何时才能动用，甚至根本不再有动用的可能。呆料为百分之百可用的物料，未丧失物料应具备的特性和功能，只是闲置在仓库中，很少去动用而已。

废料是指报废的物料，即经过一段时间，本身已残破不堪或磨损过甚或已超过其寿命年限，以致失去原有的功能而本身无利用价值的物料。

2. 呆料、废料处理的重要性

（1）物尽其用。物料成为呆料、废料后其价值急剧下降，呆料、废料若继续弃置在仓库中不加以利用，物料因锈蚀、腐蚀等原因，其价值将继续降低，这时应物尽其用，适时予以处理。

（2）减少资金积压。呆料、废料闲置在仓库而不能加以利用，相当于使一部分资金呆滞在呆料、废料上，若能适时加以处理，即可减少资金的积压。

（3）节省人力及费用。呆料、废料在处理前，仍需有关的人员加以管理而发生各种管理费用。若能将呆料、废料加以处理，则上述人力及管理费用即可节省。

（4）节约仓储空间。呆料、废料日积月累，势必占用庞大的仓储空间，可能影响正当的仓储管理。为节省仓储空间，呆料、废料应适时予以处理。

3. 呆料处理的方法

（1）调拨给其他单位使用。本单位的呆料，其他单位或许有需要，可将呆料进行调拨。

（2）修改再利用。既成呆料，少有利用机会，有时可将呆料在规格上稍加修改，就能够加以利用。

（3）打折售回给原来的供应商。

（4）与其他公司，以以物易物的方式交换处理。

4. 废料产生的原因、预防及处理

（1）废料产生的原因。

① 变质。物料长久未用，变质失去其原有作用。如油料、清洗剂、制冷剂等。

② 锈蚀。无论如何保养，锈蚀的物料也无法恢复其原有价值。如钢圈、消声器等。

③ 变形。主要是橡胶件、塑料件等，因变形而无法使用。如轮胎、仪表台等。

④ 拆解产品产生的废料。产品的拆解必然产生不少已无利用价值的零件或包装材料。

（2）废料的预防。要减少废料的产生，预防重于处理。

① 对易变质的物料，要注意保质期，同时要密封。

② 对易锈蚀的物料，要防止酸碱的侵蚀、湿气的侵蚀。

③ 对易变形的物料，要注意放置方式，不可被其他物品挤压。

④ 建立先进先出的物料收发制度。

（3）废料处理的方法。

① 废料分解后有部分物料可作他用。

② 废料可分解为铜、铝、铁等，按不同类别以不同价格出售。

（七）配件的盘点

1. 盘点的目的

盘点就是如实反映存货的增减变动和结存情况，使账物相符，保证配件库存货位置和数量的准确。

2. 盘点的内容

（1）核对存货的账面结存数与实际结存数，查明盘亏、盘盈存货的品种、规格和数量。

（2）查明变质、毁损的存货以及超储积压和长期闲置的存货的品种、规格和数量。

3. 盘点的方法

盘点的方法有永续盘点、循环盘点、定期盘点和重点盘点。

（1）永续盘点。永续盘点指保管员每天对有收发动态的配件盘点一次，以便及时发现和防止收发差错。

（2）循环盘点。循环盘点指保管员对自己所分管的物资按轻重缓急做出月盘点计划，按计划逐日盘点。

（3）定期盘点。定期盘点指在月、季、年度组织清仓盘点小组，全面进行清点盘查，并造出库存清册。

（4）重点盘点。重点盘点指根据季节变化或工作需要，为某种特定目的而对仓库物资进行的盘点和检查。

4. 盘点准备工作

（1）确定盘点日期（起始日期及结束日期）。每月的月末或每年 12 月 31 日是最常见的盘点日，这样可与结账同时进行，方便结账。

（2）确定盘点人员。成立盘点领导小组，划分区域并分组（盘点时每两人为一个小组），参加盘点的管理人员必须是行业内的人。盘点人员不需要特别专业的人员，必要时可请其他部门工作人员协助，但是盘点人员必须工作认真，责任心强。盘点结果的准确与否由盘点人员负责。

（3）盘点范围清查。盘点所有归属本部门的存货，如常用件、损耗件、索赔件、不适用件等。

（4）仓库大扫除。仓库大扫除的目的是收集、汇总、清除残损件并登记在册。清扫工作在一年中要经常做，盘点前夕要彻底做一遍，盘点是给仓库来一次大扫除的好机会。

（5）盘点的表格和工具。

① 盘点卡。盘点卡上有盘点日期、盘点人签字、配件号、配件名称位置码和盘点结果。

② 盘点总表。盘点总表用于盘点结果登记，总表上包括每个配件的位置码账面数与盘点数。

③ 盘点报表。该表包括每个配件的进货价格，反映每种配件库存的账面数与实存数，反映盘亏、盘盈的数量、金额和原因，反映库存变质和超储积压的情况，以此作为盘点的结果和财务处理的依据。

④ 笔、尺、秤。

（6）检查、整理、规范盘点区。

① 所有的到货要立即上货架，这样在盘点时才不会遗漏；或另放他处，盘点后再入库。

② 所有的配件要分类存放，一目了然，堆放的方式要便于盘点，以便节省盘点时间。

③ 货架的标签应与实物相符，必要时要改正和补充，不清楚的标签要换新。

④ 配件号不同而实物相同的配件，要做好混库处理，做好记录。要注意由此引起的库存实物与账目上的变化。

⑤ 完整的包装放在货架的前面（或上面），已打开的包装放在后面（或下面）。数量不足的包装要填充成标准包装。

⑥ 盘点期间的出库，由于特殊原因必须出库的配件要做好记录，事后再统一处理。

⑦ 对货架上不经常销售的配件进行预先清点是必要的，这样可以在最后盘点时节省时间，清点过的配件要做好标记和记录。

5. 正式盘点

在规定的时间内，盘点人员对所有配件要逐一清点，不能重复也不能遗漏。一般由两人分别清点，如果结果不同，要重新清点。不便清点的小件可以用称重法求总数，即先数出一定数量的配件作为标准件，仔细称出这些标准件质量，再称出所有件的库存质量，即可算出这些件的总数。

称重法计算公式为

$$总数=总质量×标准件的数量/标准件的质量$$

6. 验收及总结

盘点后，其结果应由上级有关部门检查、验收。财务部门核算出盈亏值，并由主管领导签字认可。盘点后应进行总结，对于盘点遗留的问题，如变质、毁损或超储积压的配件，要查清原因，对入库、出库、仓储、财务管理系统及其他自然的或人为的因素要进一步处理。

三、库存控制

1. 库存控制的原则

（1）不待料、不断料。保证生产所必需的物料。

（2）不呆料、不滞料。生产所需的物料要及时购进，不需要的物料坚决不能进入库房。

（3）不囤料、不积料。需要多少购进多少，储存数量要适量，减少资金积压。

2. ABC分析法

ABC分析法简单地说就是：重要的占少数，不重要的占多数。

ABC 分析法反映在存量控制上，即存货项目较少的数十种物料，所占的金额比例非常大；存货项目较多的上千种物料，所占金额的比例却非常少。因此抓住“重要的少数”，是成本控制的关键。

（1）ABC 分析法的主要作用。

① 客户分类的管理。对客户根据年订货额的大小，按 ABC 分析法进行分类，然后进行重点分类管理。

② 供应商分类的管理。对供应商年供货量的大小，按 ABC 分析法进行分类，然后进行重点分类管理和辅导。

③ 物料分类的管理。对使用的物料，根据使用量按 ABC 分析法进行分类，对重点物料加强管理，并且可以同时控制呆料。

（2）ABC 分析法计算的步骤。

① 物料的资料统计：将每一物料上一年的使用量、单价、金额等填入 ABC 分析表进行统计。

② 按金额大小顺序进行排列，并计算出金额占材料总金额的百分比。

③ 按金额大小顺序计算出每一种物料的累计百分比。

④ 根据累计百分比绘制 ABC 分析表（柏拉图，图 8-2）。

⑤ 进行 A、B、C 物料分类。

A 类物料，占物料种类 10%左右，金额占总金额的 65%左右；

B 类物料，占物料种类 25%左右，金额占总金额的 25%左右；

C 类物料，占物料种类 65%左右，金额占总金额的 10%左右。

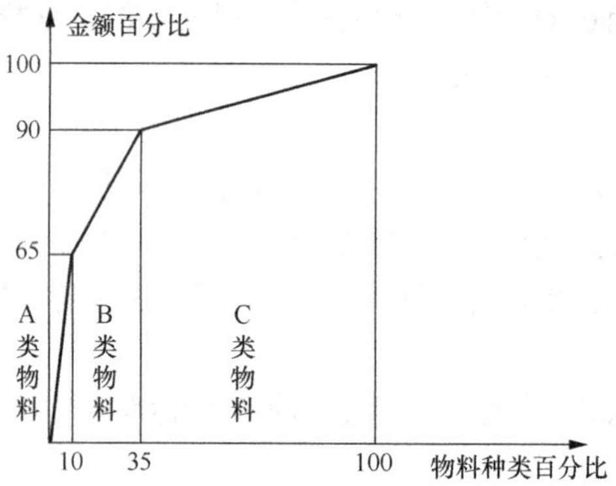

图 8-2 ABC 分析表

（3）对 A、B、C 三类物料进行存量控制的方法。A、B、C 三类物料所占种类比例与金额比例大不相同，所以对 A、B、C 三类物料应采取不同的物料控制方法。

① A 类物料。A 类物料种类少，金额高，存量过高会产生大量的资金积压，因此对于 A 类物料要严格控制。

A 类物料非购备时间非常短，交期非常紧，最好不要有存货。对于 A 类物料要有一整套完整的记录，一定要有需求或订货时，才加以订购，并且要充分计划利用好购备时间，使交货及时，不影响生产计划，也不过早进厂。应尽量降低存货，避免大量的资金积压在仓库。

② C 类物料。C 类物料种类多，金额少，可一次性大批量订购，以降低采购成本。

③ B 类物料。B 类物料介于 A 类和 C 类之间，种类与金额占的比重一般，但也不能忽视。

对于 B 类物料可以不必像 A 类物料一样跟单订货，对购备时间控制非常严，也不能像

C 类物料一样一次性大批量采购，可以采取设置安全存量的方式，到了请购点时以经济采购量加以采购即可。

3. 库存控制的范围

（1）生产经常用到的物料。

（2）品种少、批量大、购备时间比较长的物料。

（3）A、B、C 物料当中的 C 类物料和部分 B 类物料。

4. 库存控制的核心

库存控制既要降低存货的储备成本，又要充分配合生产的需要。库存控制有如下几个核心要素。

（1）最低存量，即维持多少存量是最合理的。

（2）请购点，即何时补充存量是最适时的。

（3）订货量，即补充多少存量是最经济的。

5. 安全存量的控制

安全存量即为防止生产线发生待料停工现象，事先准备一定数量的存货。安全存量的多少根据购备时间与物料消耗量而定。

$$正常情况下的安全存量 = 每日消耗量 \times 紧急购备时间$$

同时由于各种不确定的原因，还应考虑以下因素。

（1）浪费的存量。

（2）呆料、废料。

（3）其他因管理不善需要的存量。

6. 库存基准设定

（1）预估月用量。

① 用量稳定的材料：由主管人员依据去年的平均月用量，并参照今年的销售计划来预估月用量。

② 季节性与特殊性材料：由采购人员于每年各季度末以前，依前 3 个月及去年同期各月份的耗用数量，并参考市场状况，设定预估月用量。

（2）请购点设定。

$$请购点 = 购备时间 \times 预估每日耗用量 + 安全存量$$

$$采购需求量 = 本生产周期天数 \times 预估每日耗用量$$

$$安全存量 = 紧急购备时间 \times 平均每日耗用量$$

$$最高存量 = 采购需求量 + 安全存量$$

（3）物料购备时间。由采购人员依采购作业的各阶段所需天数设定购备时间。其作业流程及作业天数经主管核准，送相关部门作为请购需求日及采购数量的参考。

（4）设定请购量。考虑采购作业期间的长短、最小包装量、最小交通量及仓储容量。

$$请购数量 = 最高存量 - 安全存量 = 本生产周期天数 \times 预估每日耗用量$$

（5）存量基准的建立。保管员将以上存量基准（安全存量、预估每日耗用量、紧急购备时间、正常购备时间等）分别填入"存量基准设定表"，呈交主管核准并建档。

7. 用料差异反应及处理

采购人员于每月 5 日前针对前月开立的"用料差异反应表"，查明与制定基准差异的原因，并拟订处理措施，确定是否修正"预估月用量"，如需修订，应于反应表"拟修订月用量"栏内修订，并经主管核准后，通知修改库存基准。

8. 库存控制流程

库存控制流程如图 8-3 所示。

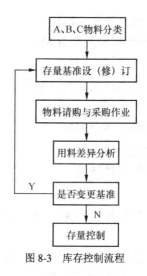

图 8-3　库存控制流程

思考与练习

（1）如何准确地提供配件？

（2）如何选择供应商？选择供应商时应注意什么问题？

（3）如何有效控制库存？

知识拓展

不管哪个汽车品牌，每个汽车零件都有它的编号，就如同每个人都有各自的身份证号一样。但品牌不同，零件编号规律是不一样的。下面简单介绍一汽丰田品牌和一汽大众品牌的零件编号规律。

一、一汽丰田品牌的零件编号

一汽丰田的零件编号通常由 10 位数（也有 12 位数）组成，零件编号不是数字和字母的简单排列，每个编号都有其特定的意义。

1. 零件编号的结构

零件编号包括基本号、设计号和辅助号三部分，如图 8-4 所示。

图 8-4　一汽丰田品牌的零件编号结构

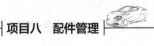

举例：17801-0P020，基本号是17801，它表示空气滤清器，设计号是0P020，没有辅助号。

零件编号还可以进一步细分为组号、区分号、细节号、分类代号、设计增补号、主要技术改进号和辅助号，如图8-5所示。

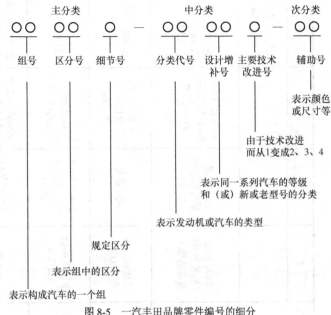

图8-5　一汽丰田品牌零件编号的细分

2. 零件编号的规律

（1）品名编码。品名编码即零件种类代码，一个品名编码表示一个零件种类。

一般情况下，品名编码与零件号的前五位（也有时用六位数、十位数）一致。例如，火花塞的品名编码是90919，即一汽丰田车系所有火花塞的零件编号前五位均是90919。

在工作中应该多总结常用的品名编码，对我们的工作会有很大帮助。

（2）零件编号的第一位。一汽丰田品牌零件编号第一位数字的含义如表8-1所示。

表8-1　　　　　　　　　　一汽丰田品牌零件编号第一位数字的含义

〇〇〇〇〇 — 〇〇〇〇〇

数　字	含　义
1	发动机和燃油系统的相关零件
2	
3	传动系统和底盘部分的零件
4	
5	车身零件（车外板、车内饰件）
6	
7	
8	电气零件

（3）零件编号的前两位。零件编号的前两位就是前面所说的组号。如果知道了组号，就能理解零件号是如何构成的。因此理解组号是短时间内记住零件名称代号的关键。各零件按其功能进行分类，其零件编号一览表如表8-2所示。

表 8-2

零件编号一览表

OOOO—OOOOO
（表示基本号的组号部分）

		0	1	2	3	4	5	6	7	8	9
	0					修理套件				附件（一般附件和矿物油）	工具
发动机和燃油系统相关零件	1		发动机非流动件 No.1（汽缸机体/曲轴轴承/曲轴箱）	发动机非流动件 No.2（油底壳/气门安装支架/气门座圈）	发动机流动件（活塞/曲轴/凸轮轴/进气门和排气门/正时带）		润滑系统（机油泵机/油滤清器）	冷却系统（散热器/水泵/风扇）	进气/排气系统 No.1（空气滤清器消声器/排气管）	进气/排气系统 No.2（净化器）	空气压缩机/真空泵
	2		燃油系统 No.1（化油器）	燃油系统 No.2（喷油泵）	燃油系统 No.3（输油泵/燃油滤清器/油管）	送风机	排放控制装置（EGR）	调速器等	发电机/交流发电机/电压调节器	起动电动机/蓄电池	
传动系统和底盘零件	3		干式单片离合器（摩擦式）	离合器液力耦合器/电动变矩器	变速器 No.1（手动）	变速器 No.2（自动驱动）	变速器 No.3（自动）	变速器 No.4（分动器动力输出）	传动轴装置/驱动轴	绞盘/翻斗	
	4		差速器	后桥/盘式车轮/轮毂盖/车轮差速锁（定制）	前桥	动力（动力转向/动力制动）	转向器	制动器 No.1（驻车制动器）	制动器 No.2（盘式制动器/鼓式制动器）	悬架 No.1（弹簧/减振器高度控制）	悬架 No.2（主动式悬架）

续表

O →（表示组号）
OOOOO—OOOOO（表示基本号的组号部分）

		0	1	2	3	4	5	6	7	8	9
车身零件	5		车架 No.1（车架）	车架 No.2（保险杠）	前车身 No.1（散热器栅/发动机罩/翼子板）	前车身 No.2	车颈部件 No.1（车颈面板）（仪表板）	车颈部件 No.2（风窗玻璃）	地板 No.1（横梁/大梁）	地板 No.2（地板面板/地板垫/操纵箱）	地板 No.3
	6		车身侧面 No.1（后侧板）	车身侧面 No.2（后车窗玻璃）	车顶	后车身 No.1（行李箱板/后风窗玻璃）	后车身 No.2（载重车/专用车）	后车身 No.3	车门 No.1（车门面板/车门饰件）	车门 No.2（功能零件/车门/铰链）	车门 No.3（功能零件/车门把手/车门锁芯）
	7		座椅 No.1（座椅）	座椅 No.2（座椅调节器）	座椅 No.3（座椅安全带）	车内饰板（扶手/遮阳板/辅助抓手）	车外零件 No.1（嵌条/饰件/商标）	车外零件 No.2（挡泥板/阻流板）	燃油箱/燃油管	加速踏板连接杆/加速踏板	后座椅（适用汽车用汽车）
电气零件	8		灯类	配线	仪表和钟	开关	刮水器/洗涤器/点烟器	收音机/天线/喇叭/警报器	汽车取暖器/外视镜等	自动调光器/汽车冷却液/空调器	灯控制系统
	9	标准件	六角螺栓	螺栓	螺钉	螺母和垫圈	半标准件				
		特殊螺栓、轴承油封					铆钉/销/键等	固定板/座椅垫等	滚柱轴承	内胎	功能零件（V形皮带/熔丝/灯泡等）

二、一汽大众品牌的零件编号

在一汽大众管理体系中，配件通过阿拉伯数字和 26 个英文字母的组合，使之有了一套简明、完整、准确、科学的配件号码系统，每个配件只对应一个号码，每组数字、每个字母都表示这个配件的某种性质，人们只要找出这个号码，就可以从几万或几十万库存品种中找出所需的配件来。

一汽大众品牌的零件编号一般由 14 位组成。例如，191863241AFLN8。

1. 车型及机组型号（第 1~3 位）

前三位表示车型或机组型号，它们说明这些零件最初为哪种车型、设计和使用哪种发动机和变速器。从标记的第三位数字可以区别是左驾驶还是右驾驶，一般规定，单数为左驾驶，双数为右驾驶。

例如，表示车型——甲虫车：113857501AB01C 后视镜；

   ——高尔夫：191419831 转向机防尘套；

   ——捷达：165941017K 左前照灯。

  表示机组型号——发动机：027 100103KV 短发动机；

   ——变速器：020 300045T 四挡变速器。

2. 大类及小类（第 4~6 位）

根据零件在汽车结构中的差异及性能的不同，一汽大众零件编号系统将配件号分成十大类（十个主组），每大类（主组）又分为若干个小类（子组）；小类（子组）的数目和大小因结构的不同而不同，小类（子组）只有跟大类（主组）结合在一起才有意义。

1 大类：发动机，燃油喷射系统；

2 大类：燃油箱，排气系统，空调制冷循环部件；

3 大类：变速器；

4 大类：前轴，前轮驱动差速器，转向系统，前减振器；

5 大类：后轴，后轮驱动差速器，后减振器；

6 大类：车轮，制动系统；

7 大类：手动、脚动杠杆操作机构；

8 大类：车身及装饰件，空调壳体，前后保险杠；

9 大类：电器；

0 大类：附件（千斤顶、天线、收音机）及油漆材料。

例如，191863241AFLN8——8 为大类，电子目录中称为主组；

4B0863241GFPK——63 为小类，电子目录中称为子组。

3. 配件号（第 7~9 位）

配件号是由三位数（001～999）组成并按照其结构顺序排列的。

如果配件不分左右（既可在左边使用，又可在右边使用），最后一位数字为单数。

如果配件分左右件，一般单数为左边件，双数为右边件。

例如，191863241LN8/4B0863241GFPK 中的 241；

L1GD853753/754 左/右车门防护条；

L1GD821021B/022B 左/右翼子板。

说明：编码最前面的 L 指国产配件，配件号位数从 L 后开始计算。

4．设计变更/技术更改号（第 10、11 位）

设计变更号由一个或两个字母组成，表示该配件经过以下技术更改。

（1）不同的材料。

（2）不同的结构。

（3）不同的技术要求，如公差、硬度。

（4）不同的零件来源。

例如，191863241AFLN8/4B0863241GFPK 中的 AF/G；

357612107→357612107A 制动阻力器。

5．颜色代码（第 12～14 位）

颜色代码用三位数字或三位字母的组合来表示，它说明该件具有某种颜色特征。

例如，01C——黑色带光泽，041——暗黑色，043——黑花纹，ROH——未加工的原色。

上述 191863241AFLN8/4B0863241GFPK 中的颜色代码为 LN8/FPK。

项目九
财务管理

项目导入

小钱投资 20 万元开了一家汽车美容店，开业后生意火爆，小钱非常开心。可到月底一算，却发现仍有亏损。另外，关于折旧、税收等，小钱也是一头雾水。

那么企业的资产、负债、所有者权益、收入、费用和利润是怎么回事呢？

项目要求

➢ 了解企业财务会计六大要素。
➢ 掌握财务活动的内容。
➢ 掌握企业财务管理目标几种有代表性的模式。
➢ 掌握企业财务管理的主要内容。
➢ 掌握企业各发展阶段核算的内容。

课时：4 课时

相关知识

一、财务管理基础

财务管理是在一定的整体目标下，关于资产的购置（投资）、资本的融通（筹资）、经营中现金流量（营运资金）以及利润分配的管理。

财务管理是企业管理的一个组成部分，它是根据财经法规制度，按照财务管理的原则，组织企业财务活动，处理财务关系的一项经济管理工作。简单地说，财务管理是组织企业财务活动，处理财务关系的一项经济管理工作。

（一）会计要素

会计要素是对会计对象，即资金进行的基本分类，是会计核算对象的具体化，是会计报表内容的基本框架。企业的会计要素有资产、负债、所有者权益、收入、费用和利润。

1. 资产

资产是指由于过去的交易、事项形成并由企业拥有或控制的，预期会给企业带来经济利益的资源。概括地说，资产指能够为企业带来未来经济利益的资源。

企业的资产按流动性不同可以分为流动资产、长期投资、固定资产、无形资产和其他资产五类。

（1）流动资产。流动资产是指可以在一年或超过一年的一个营业周期内变现或者耗用的资产，主要包括现金、银行存款、短期投资、应收及预付款项、待摊费用、存货等。

（2）长期投资。长期投资是指除短期投资以外的投资，包括持有时间超过 1 年（不含 1 年）的各种股权性质的投资、不能变现或不准备随时变现的债券、其他债权投资和其他长期投资。

（3）固定资产。固定资产是指使用期限较长，单位价值较高，并在使用过程中保持原有实物形态的资产，包括房屋等建筑物及机器、设备、工具、器具等。

（4）无形资产。无形资产是指企业为生产商品或者提供劳务、出租给他人或为管理目的而持有的没有实物形态的非货币性长期资产。无形资产分为可辨认无形资产和不可辨认无形资产。可辨认无形资产包括专利权、非专利权技术、商标权、著作权、土地使用权等；不可辨认无形资产指商誉。

（5）其他资产。其他资产是指除上述资产以外的其他资产，如长期待摊费用。

2. 负债

负债是指由于过去的交易、事项形成的现时义务，履行该义务预期会导致经济利益流出企业。其本质是企业通过过去的交易或事项已承诺的、在未来把经济资源交付给债权人的义务。企业的负债按其流动性，分为流动负债和长期负债。

（1）流动负债。流动负债是将在 1 年（含 1 年）或者超过 1 年的一个营业周期内偿还的债务，包括短期借款、应付票据、应付账款、预收账款、应付工资、应付福利费、应付股利、应缴税金、其他应付款、预提费用和一年内到期的长期借款等。

（2）长期负债。长期负债是指偿还期在 1 年或者超过 1 年的一个营业周期以上的债务，包括长期借款、应付债券和长期应付款等。

3. 所有者权益

所有者权益是指所有者在企业资产中享有的经济利益，其金额为资产减去负债后的余额。所有者权益包括实收资本（或股本)、资本公积、盈余公积和未分配利润等。

4. 收入

收入是指企业在销售商品、提供劳务及让渡资产使用权等日常活动中所形成的经济利益的总流入，包括主营业务收入和其他业务收入。收入不包括为第三方或者客户代收的款项。

5. 费用

费用是指企业为销售商品、提供劳务等日常活动所发生的经济利益的流出，包括生产经营成本和期间费用两部分内容。企业的期间费用包括营业费用、管理费用和财务费用。

6. 利润

利润是指企业在一定会计期间的经营成果，包括营业利润、利润总额和净利润。

（二）财务活动

企业的财务活动包括投资、资金营运、筹资和资金分配等一系列活动。

1. 投资活动

投资是指企业根据项目资金需要投出资金的行为。企业投资可分为广义的投资和狭义的投资两种。

广义的投资包括对外投资（如投资购买其他企业股票、债券，或与其他企业联营，或投资于外部项目）和内部使用资金（如购置固定资产、无形资产、流动资产等）。

狭义的投资仅指对外投资。

企业在投资过程中，必须考虑投资规模（即为确保获取最佳投资效益，企业应投入的资金数额）；同时还必须通过投资方向和投资方式的选择，来确定合适的投资结构，提高投资效益，降低投资风险。

2. 资金营运活动

日常生产经营活动中，企业会发生一系列的资金收付行为。首先，企业需要采购材料或商品，从事生产和销售活动，同时，还要支付工资和其他营业费用；其次，当企业把商品或产品售出后，便可取得收入，收回资金；最后，如果资金不能满足企业经营需要，还要采取短期借款方式来筹集所需资金。为满足企业日常营业活动的需要而垫支的资金，称为营运资金。因企业日常经营而引起的财务活动，也称为资金营运活动。

在一定时期内，营运资金周转速度越快，资金的利用效率就越高，企业就可能生产出更多的产品，取得更多的收入，获取更多的利润。

企业需要确定营运资金的持有政策、合理的营运资金融资政策以及合理的营运资金管理策略，包括现金和交易性金融资产持有计划的确定，应收账款的信用标准、信用条件和收账政策的确定，存货周期、存货数量、订货计划的确定，短期借款计划、商业信用筹资计划的确定等。

3. 筹资活动

筹资是指企业为了满足投资和资金营运的需要，筹集所需资金的行为。

在筹资过程中，一方面，企业需要根据战略发展的需要和投资计划来确定各个时期企业总体的筹资规模，以保证投资所需的资金；另一方面，要通过筹资渠道、筹资方式或工具的选择，合理确定筹资结构，降低筹资成本和风险，提高企业价值。

企业通过筹资通常可以形成两种不同性质的资金来源：一是企业权益资金，二是企业债务资金。

4. 资金分配活动

企业通过投资和资金的营运活动可以取得相应的收入，并实现资金的增值。企业取得的各种收入在补偿成本、缴纳税金后，还应依据有关法律对剩余收益进行分配。广义地说，分配是指对企业各种收入进行分割和分派的行为；而狭义的分配仅指对企业净利润的分配。

企业实现的净利润可作为投资者的收益，分配给投资者或暂时留存在企业（作为投资者的追加投资）。企业需要依据法律的有关规定，合理确定分配规模和分配方式，确保企业取得最大的长期利益。

（三）财务关系

企业资金投放在投资活动、资金运营活动、筹资活动和分配活动中，与企业各方面有着广泛的财务关系。这些财务关系主要包括以下几个方面。

（1）企业与投资者之间的财务关系，主要是企业的投资者向企业投入资金，企业向其投资者支付投资报酬所形成的经济关系。

（2）企业与债权人之间的财务关系，主要是指企业向债权人借入资金，并按合同的规定支付利息和归还本金所形成的经济关系。

（3）企业与受资者之间的财务关系，主要是指企业以购买股票或直接投资的形式向其他企业投资所形成的经济关系。

（4）企业与债务人之间的财务关系，主要是指企业将其资金以购买债券、提供借款或商业信用等形式出借给其他单位所形成的经济关系。

（5）企业与供货商、企业与客户之间的财务关系，主要是指企业购买供货商的商品或接受其服务，以及企业向客户销售商品或提供服务过程中形成的经济关系。

（6）企业与政府之间的财务关系，是指政府作为社会管理者，通过收缴各种税款的方式与企业形成的经济关系。

（7）企业与内部各单位之间的财务关系，是指企业内部各单位之间在生产经营各环节中互相提供产品或劳务所形成的经济关系。

（8）企业与职工之间的财务关系，主要是指企业向职工支付劳动报酬过程中所形成的经济利益关系。

二、财务管理的目标

财务管理的目标决定了财务管理的内容和职能，以及它所使用的概念和方法。财务管理是企业管理的一部分，是有关资金的获得和有效使用的管理工作。财务管理的目标，取决于企业的总目标，并且受财务管理自身特点的制约。

企业财务管理目标有以下几种具有代表性的模式。

1. 利润最大化目标

利润最大化目标就是企业财务管理以实现利润最大化为目标。以追逐利润最大化作为财务管理的目标，其主要原因有三点：一是人类从事生产经营活动的目的是为了创造更多的剩余产品，在市场经济条件下，剩余产品的多少可以用利润这个指标来衡量；二是在自由竞争的资本市场中，资本的使用权最终属于获利最多的企业；三是只有每个企业都最大限度地创造利润，整个社会的财富才可能实现最大化，从而带来社会的进步和发展。企业作为自主经营的主体，所创利润是企业在一定期间内全部收入和全部费用的差额，是按照收入与费用配比原则加以计算的。它不仅可以直接反映企业创造剩余产品的多少，而且也从一定程度上反映出企业经济效益的高低和对社会贡献的大小。同时，利润是企业补充资本、扩大经营规模的源泉。因此，以利润最大化作为财务管理目标是有一定的道理的。

利润最大化目标在实践中存在以下难以解决的问题。

（1）这里的利润是指企业一定时期实现的税后净利润，它没有考虑资金时间价值。

（2）没有反映创造的利润与投入资本之间的关系。

（3）没有考虑风险因素，高额利润往往要承担高风险。

（4）片面追求利润最大化，可能导致企业短期行为与企业发展的战略目标相背离。

2. 股东财富最大化目标

股东财富最大化目标是指企业的财务管理以股东财富最大化为目标。上市企业中，股东财富是由其所拥有的股票数量和股票市场价格两方面决定的。在股票数量一定时，股票价格达到最高，股东财富也就达到最大。

（1）与利润最大化相比，股东财富最大化的主要优点如下。

① 考虑了风险因素，因为通常股价会对风险有比较敏感的反应。

② 在一定程度上能够避免企业在追求利润上的短期行为,因为不仅目前的利润会影响股票价格,预期未来的利润同样会对股价产生重要影响。

③ 对于上市企业而言,股东财富最大化比较容易量化,便于考核和奖惩。

（2）以股东财富最大化作为财富管理目标也存在以下缺点。

① 通常只适用于上市企业,非上市企业难以应用,因为非上市企业无法像上市企业一样随时准确地获得企业股价。

② 股价受众多因素影响,特别是企业外部的因素,有些还可能是非正常因素。股价不能完全准确反映企业财务管理状况,如有的上市企业处于破产的边缘,但由于可能存在某些机会,其股票市价可能还在走高。

③ 它强调的更多的是股东利益,而对其他相关者的利益重视不够。

3. 企业价值最大化目标

企业价值最大化目标是指企业的财务管理以企业价值最大化为目标。企业的价值可以理解为所有者权益的市场价值,或者是企业所能创造的预计未来现金流量的现值,可以反映企业潜在或预期的获利能力和成长能力。未来现金流量的现值这一概念,包含了资金的时间价值和风险价值两个方面的因素。因为未来现金流量的预测包含了不确定性和风险因素,而现金流量的现值是以资金的时间价值为基础对现金流量进行计算得出的。

企业价值最大化要求企业通过采用最优的财务政策,充分考虑资金的时间价值和风险与报酬的关系,在保证企业长期稳定发展的基础上使企业总价值达到最大。

（1）以企业价值最大化作为财务管理的目标,其优点主要表现在以下几个方面。

① 该目标考虑了资金的时间价值和风险价值,有利于统筹安排长短期规划、合理选择投资方案、有效筹措资金、合理制定股利政策等。

② 该目标反映了对企业资产保值增值的要求,从某种意义上说,股东财富越多,企业市场价值也就越大,追求股东财富最大化的结果可促使企业资产保值或增值。

③ 该目标将企业长期、稳定的发展和持续的获利能力放在首位,有效地规避了企业的短期行为。

④ 用价值代替价格,克服了过多外界市场因素的干扰,有利于克服管理上的片面性。

⑤ 该目标有利于社会资源的合理配置。社会资金通常流向企业价值最大化或股东财富最大化的企业或行业,有利于实现社会效益最大化。

（2）以企业价值最大化作为财务管理目标也存在以下问题。

① 企业的价值过于理论化,不易操作。尽管对于上市企业而言,股票价格的变动在一定程度上揭示了企业价值的变化,但是股价是受多种因素影响的结果,特别是在资本市场效率低下的情况下,股票价格很难反映企业所有者权益的价值。

② 对于非上市企业,只有对企业进行专门的评估才能真正确定其价值,而在评估企业的资产时,由于受评估标准和评估方式的影响,这种估价不易做到客观和准确,这也导致企业价值确定的困难。

4. 相关者利益最大化目标

现代企业是多边契约关系的总和。股东作为所有者在企业中承担着最大的权利、义务、风险和报酬,地位当然也最高,但是债权人、职工、企业代理人、客户、供应商和政府等相关者也因为企业而承担了相当的风险。

（1）相关者承担的风险。

随着举债经营的企业越来越多，举债比例和规模也较以前有所扩大，使得债权人风险大大增加。

① 在社会分工细化的今天，由于简单的体力劳动越来越少，复杂的脑力劳动越来越多，分工越来越细化，因此职工的再就业风险也不断增加。

② 在现代企业制度下，企业经理人受所有者的委托，代理其管理和经营企业，在激烈竞争的市场和复杂多变的形势下，代理人所承担的责任越来越重大，风险也随之加大。

③ 随着市场竞争和经济全球化的影响，企业与客户以及企业与供应商之间不再是简单的买卖关系，更多的情况下是长期的伙伴关系，处于一条供应链上，并共同参与同其他供应链的竞争，创造多赢的局面。这时，供应商、客户和企业往往会共同承担一部分风险，需彼此兼顾各方的利益。

④ 政府，不论是作为国有企业的出资人，还是监管机构，其风险也是与企业各方的风险相关联的。

综上所述，在确定企业财务管理目标时，不能忽视这些相关利益群体的利益，否则的话，忽视了哪一方的利益，都可能会对企业带来危害，不仅不会带来企业价值的最大化，甚至会对企业产生致命的伤害。因此，相关者利益最大化目标的基本思想就是在保证企业长期稳定发展的基础上，强调在企业价值增长中满足以股东为首的各利益群体的利益。

（2）相关者利益最大化目标的具体内容。

① 强调风险与报酬的均衡，将风险限制在企业可以承受的范围内。

② 强调股东的首要地位，创造企业与股东之间利益的协调关系。

③ 加强对企业代理人即企业经理人或经营者的监督和控制，建立有效的激励机制以便顺利实现企业的战略目标。

④ 关心本企业一般职工的利益，创造优美和谐的工作环境和提供合理恰当的福利待遇，激励职工长期努力为企业工作。

⑤ 不断加强与债权人的关系，请债权人参与重大财务决策的讨论，培养可靠的资金供应者。

⑥ 关心客户的长期利益，以便保持销售收入的长期稳定增长。

⑦ 加强与供应商的合作，共同面对市场竞争，并注重企业形象的宣传，遵守承诺，讲究信誉。

⑧ 保持与政府部门的良好关系。

（3）以相关者利益最大化为财务管理目标的优点。

① 有利于企业长期稳定发展。这一目标注重企业在发展过程中考虑并且满足各利益相关者的利益关系。在追求长期稳定发展的过程中，站在企业的角度进行投资研究，避免只站在股东的角度进行投资考虑可能导致的一系列问题。

② 体现合作共赢的价值理念，有利于实现企业经济效益和社会效益的统一。企业在寻求自身发展和利益最大化过程中，为保障客户及其他相关者的利益，企业应依法经营，依法管理，正确处理各种财务管理关系，自觉保障国家、集体和社会公众的合法权益。

③ 这一目标本身是一个多元化、多层次的目标体系，较好地兼顾了各利益主体的利益。这一目标可以使企业各利益主体相互作用、相互协调，并在使企业利益、股东利益达到最大

化的同时，也使其他利益相关者的利益最大化。

④ 体现了前瞻性和现实性的统一。比如，企业作为利益相关者之一，有其一套评价指标，如未来企业报酬贴现值；股东的评价指标可以使用股票市价；债权人可以寻求风险最小，利息最大；工人可以确保工资福利；政府关注社会效益等。不同的利益相关者有各自的指标，只要合法合理、互利互惠、相互协调，就可以实现相关者利益的最大化。

三、企业财务管理的内容

企业的财务管理目标是企业价值最大化。企业价值最大化的途径是提高报酬率和减少风险，企业的报酬率高低和风险大小又取决于投资项目、资本结构和股利分配政策。因此，财务管理的主要内容是投资决策、筹资决策和股利分配决策三个方面。

（一）投资决策

投资是指以收回现金并取得收益为目的而发生的现金流出。例如，购买政府公债、购买企业股票和债券、购置设备、建造厂房、增加新产品等，企业都要发生现金流出，并期望取得更多的现金流入。

企业的投资决策，按不同的标准可以分为以下类型。

1. 项目投资和证券投资

项目投资是指把资金直接投放于生产经营性资产，以便获取营业利润的投资。例如，购置设备、建造厂房等。

证券投资是指把资金投放于金融性资产，以便获取股利或者利息收入的投资。例如，购买政府公债、购买企业债券和股票等。

这两种投资决策所使用的一般性概念虽然相同，但决策的具体方法却很不一样。证券投资只能通过证券分析与评价，从证券市场中选择企业需要的股票和债券，并组成投资组合；作为行动方案的投资组合，不是事先创造的，而是通过证券分析得出的。项目投资要事先准备一个或几个备选方案，通过对这些方案的分析和评价，从中选择一个相对满意的行动方案。

2. 长期投资和短期投资

长期投资是指影响所及超过一年的投资。例如，购买设备、建造厂房等。长期投资又称资本性投资。用于股票和债券的长期投资，在必要时可以出售变现，而较难以改变的是生产经营性的固定资产投资。长期投资有时专指固定资产投资。

短期投资是指影响所及不超过一年的投资，如对应收账款、存货、短期有价证券的投资。短期投资又称为流动资产投资或营运资产投资。

长期投资和短期投资的决策方法有所区别。由于长期投资涉及的时间长、风险大，决策分析时更重视货币时间价值和投资风险价值的计量。

（二）筹资决策

筹资是指筹集资金。例如，企业发行股票、发行债券、借款、赊购、租赁等。

筹资决策要解决的问题是如何取得企业所需要的资金，包括向谁、在什么时候、筹集多少资金。筹资决策和投资、股利分配有密切关系，筹资的数量多少要考虑投资需要，在利润分配时加大保留盈余可减少从外部筹资。筹资决策的关键是决定各种资金来源在总资金中所占的比重，即确定资本结构，以使筹资风险和筹资成本相配合。

可供企业选择的资金来源有许多，我国习惯上称"资金渠道"。它们分为以下两类。

1. 权益资金和借入资金

权益资金是指企业股东提供的资金。它不需要归还，筹资的风险小，但期望的报酬率高。

借入资金是指债权人提供的资金。它要按期归还，有一定的风险，但其要求的报酬率比权益资金低。

资本结构主要是指权益资金和借入资金的比例关系。一般来说，完全通过权益资金筹资是不明智的，不能得到负债经营的好处；但负债的比例大则风险也大，企业随时可能陷入财务危机。筹资决策的一个重要内容就是确定最佳资本结构。

2. 长期资金和短期资金

长期资金是指企业可长期使用的资金，包括权益资金和长期负债。权益资金不需要归还，企业可以长期使用，属于长期资金。此外，长期借款也属于长期资金。有时，习惯上把1年以上5年以内的借款称为中期资金，而把5年以上的借款称为长期资金。

短期资金一般是指1年内要归还的短期借款。一般来说，短期资金的筹集应主要解决临时的资金需要。例如，在生产经营旺季需要的资金比较多，可借入短期借款，在生产经营淡季则归还。

长期资金和短期资金的筹资速度、筹资成本、筹资风险以及借款时企业所受的限制均有不同。如何安排长期筹资和短期筹资的相对比重，是筹资决策要解决的另一个重要问题。

（三）股利分配决策

股利分配是指在企业赚得的利润中，有多少作为股利发给股东，有多少留在企业作为再投资。过高的股利支付率，会影响企业再投资的能力，使未来收益减少，造成股价下跌；过低的股利支付率，可能引起股东不满，股价也会下跌。

股利分配决策受多种因素的影响，包括税法对股利和出售股票收益的不同处理、未来企业的投资机会、各种资金来源及其成本、股东对当期收入和未来收入的相对偏好等。企业根据具体情况确定最佳的股利分配政策，是财务决策的一项重要内容。

股利分配决策，从另一个角度看也是保留盈余决策，是企业内部筹资问题。因此，有人认为股利分配决策属筹资的范畴，而并非一项独立的财务管理内容。

四、财务核算概述

财务核算是对生产经营过程中实际发生的成本、费用进行计算，并进行相应的账务处理。财务核算一般是对成本计划执行的结果进行事后的反映。企业通过财务核算，一方面，可以审核各项生产费用和经营管理费用的支出，分析和考核成本计划的执行情况，促使企业降低成本和费用；另一方面，还可以为计算利润、进行成本和利润预测提供数据，有助于提高企业生产技术和经营管理水平。

成本，是指企业为生产产品、提供劳务而发生的各种耗费。成本包括直接材料、直接人工和其他费用，不包括为第三方或客户垫付的款项。

费用，是指企业在日常活动中发生的、会导致所有者权益减少的、与向所有者分配利润无关的经济利益的总流出。企业应当合理划分期间费用和成本的界限。期间费用应当直接计入损益，成本应当计入所生产产品、提供劳务的成本。

企业成本费用核算是对企业日常生产活动中生产的产品成本与费用进行核算，主要包括直接材料、直接人工、制造费用、管理费用、销售费用、财务费用。前三者计入产品成本，后三者作为期间费用直接计入当期损益。

（1）直接材料。它是指企业在生产经营过程中直接消耗的原材料、辅助材料、修理用配件、外购半成品、低值易耗品等的费用。

（2）直接人工。它是指企业直接从事生产经营活动人员的工资、福利等。

（3）制造费用。它是指企业为生产产品和提供劳务而发生的各项间接费用，具体包括生产车间人员工资、福利费、车间房屋建筑物和机器设备的折旧费、机物料消耗、水电费、劳动保护费、环境保护费等费用。

（4）管理费用。它是指企业行政管理部门为组织和管理生产经营活动而发生的各种费用，包括行政管理部门职工工资、折旧费、办公费、印花税等相关税金、技术转让费、无形资产摊销、咨询费、诉讼费、企业经费、聘请中介机构费、研究与开发费、劳动保险费等费用。

（5）销售费用。它是指企业在销售产品过程中发生的各项费用以及销售机构的各项经费，包括运输费、装卸费、包装费、保险费、差旅费、广告费、租赁费（不包括融资租赁费），以及为销售本企业商品发生的销售机构的职工工资、福利费等经常性费用。

（6）财务费用。它是指企业筹集生产经营所需资金而发生的费用，包括利息支出（减利息收入）、汇兑损失（减汇兑收益）、金融机构手续费以及筹集生产经营资金发生的其他费用等。

五、财务核算程序

凡事要讲究顺序，或说程序，财务核算也是如此。财务核算程序的具体体现是：经济业务发生以后，对业务进行归类、加工整理、汇总，最后形成比较系统的信息资料，再将这些信息资料按照预先规定的指标体系进一步归类、综合、汇总，并通过编制会计报表将其排列成系统的指标体系。

（一）企业创立阶段的核算

核算就是对经济业务的记录和反映。要搞清这个阶段的核算目的，首先要弄明白在这个阶段发生的经济业务。

1. 企业创立阶段的业务内容

创立一个企业，要做的准备工作很多，比如市场调研、论证立项、吸收资本、注册登记等。在我国，每一个企业创立，都必须进行登记。企业发起人要到工商管理机构申请领取营业执照，到公安局申请刻章，到税务局办理税务登记，购买经营所需发票，到银行申请开户、购买支票等。

在企业创立阶段，业务内容较多也较复杂，但涉及资金收支的业务总结起来主要有两类：一是接收股东的投资，二是支付创建过程中的各种手续费、劳务费等开办费。

（1）股本的投入：它主要是指股东用资金、实物和无形资产对企业进行投入。

（2）开办费支出：它主要是指创建过程中支付的各种费用。

2. 核算目的

（1）反映企业股东的构成，以便确定利益分配。

（2）反映开办费支出，正确摊入以后的成本。

3. 设立的账户

（1）银行存款。它反映了企业在开户银行存放的货币资金的增加数、减少数和结存数。

（2）现金。它反映了企业存放在企业内部的现钞的增加数、减少数和结存数。

（3）固定资产。它反映了企业固定资产原始投资价值的增加数、减少数和结存数，即反映企业的生产经营规模。

（4）长期待摊费用。它反映了企业在筹建过程中发生的各项费用和跨年度摊销的费用。

（5）实收资本。它反映了企业收到投资人投入的资本数额，一般为企业的注册资金额。

（6）管理费用。它反映了企业管理部门为组织和管理生产经营而发生的费用总额。

（7）财务费用。它反映了企业在筹措资金、财务运作过程中实际发生的财务费用额。

（二）企业供应阶段的核算

1. 供应阶段的业务内容

供应阶段的主要业务是采购。按采购的地点不同，采购可以分为同城采购和异地采购。不论什么形式的采购，其采购成本都由买价和采购费用构成。买价就是发票价，采购费用包括装卸费、搬运费、运输费、保险费、采购人员差旅费等。

2. 核算目的

（1）反映物资采购的总量。

（2）反映物资采购的总成本和单位成本。

（3）反映物资采购过程中的债权债务关系。

（4）反映库存材料的实际成本和实际总量。

3. 设立的账户

（1）物资采购账户。它反映采购材料过程中企业实际支付的材料买价和各项采购费用，即反映采购材料的实际成本。

（2）原材料账户。它反映企业各种库存材料的实际购进数额、发出数额和结存数额。

（3）应付账款。它反映企业在物资采购过程中所发生的应付、实际支付和未支付的材料货款。

（4）应缴税金——应缴增值税。它反映企业在采购过程中随所购货物而实际支付的进项税金，在销售过程中随所售货物而实际收取的销项税金和实际上缴国库的增值税税金。

（三）企业生产阶段的核算

1. 生产阶段的业务内容

生产阶段是利用生产资料，对劳动对象进行加工，从而生产出产品的过程。主要的业务就是通过投入劳动力（工资）、劳动工具（折旧）、劳动对象（材料）和制造费用（生产车间的管理费用）等，生产出产品或半成品。

产品的制造成本包括直接费用和间接费用两大部分。

（1）直接费用。直接费用又称基本费用，是指与产品工艺过程有直接关系的费用，包括直接材料——构成产品实体的原材料。

（2）间接费用。间接费用又称一般费用或制造费用，是指与产品工艺过程没有直接关系的费用，包括车间办公费、折旧费、水电费、差旅费等。

2. 核算目的

（1）反映生产过程的投入总量。

（2）反映完工产品的总成本和单位成本。

（3）反映在产品（没有完工的产品）的实际成本。

（4）反映企业与职工的结算关系即工资关系。

3．设立的账户

（1）生产成本。它反映企业投入产品生产的实际成本总额。

（2）制造费用。它反映企业发生在生产车间的组织管理费用数额，即一般费用数额。

（3）待摊费用。它反映企业先期支付而由后期承担的费用数额。

（4）预提费用。它反映企业先期摊入成本而后期支付的费用数额，即计入成本在前、实际支付在后的费用。

（5）应付工资。它反映企业支付职工工资的应付数额和实付数额，即企业与职工之间的工资结算关系。

（6）产成品。它反映企业库存产品的增加数、减少数和结存数，即反映企业完工待售产品的增减动态和库存静态。

（7）累计折旧。它反映企业固定资产的折旧总额。

（四）企业销售阶段的核算

1．销售阶段的业务内容

销售阶段就是将产品卖出的阶段，主要业务是促销产品，销售产品，取得销售款项，计算销售成本、费用和销售利润。

2．核算目的

（1）反映产品的销售问题和销售总额。

（2）反映产品的销售成本和销售费用。

（3）反映销售活动中的债权关系。

3．设立的账户

（1）主营业务收入。它反映企业主营业务的实际收入额。

（2）主营业务成本。它反映企业已实现主营业务的产品实际成本。

（3）营业费用。它反映企业在产品营业过程中发生的各种营业费用。

（4）应收账款。它反映企业在产品销售过程中所发生的应收、实收和未收的产品销售款项，即反映企业与客户之间的结算关系。

（5）其他业务收入。它反映企业取得的除主营业务以外的收入额。

（6）其他业务支出。它反映企业其他业务的支出额。

（五）企业财务成果核算

1．财务成果核算的业务内容

财务成果核算主要是计算利润的形成，并反映利润的分配情况。

（1）利润的形成。利润计算的步骤如下。

主营业务利润=主营业务收入-主营业务成本-营业费用-主营业务税金及附加

其他业务利润=其他业务收入-其他业务支出

利润=主营业务利润+其他业务利润

利润总额=营业利润-管理费用-财务费用±投资净收益±营业外收支

税后利润（净利润）= 利润总额-应缴所得税

应缴所得税=应纳税所得额×所得税税率

（2）利润的分配。利润分配主要是税后利润的分配，一般企业的利润分配顺序如下。

① 弥补企业以前年度亏损。

② 提取法定盈余公积。

③ 提取公益金。

④ 向投资者分配利润。

股份有限公司提取公益金以后，按照下列顺序分配。

① 支付优先股股利。

② 提取任意盈余公积。

③ 支付普通股股利。

2. 核算目的

（1）反映利润的形成和构成。

（2）反映企业所得税的计算和缴纳情况。

（3）反映税后利润的分配方向和分配额度。

3. 设立的账户

（1）本年度利润。它反映企业的财务利润总额。

（2）营业外收入。它反映企业取得的与企业经营无关的收入额。

（3）营业外支出。它反映企业支付的与企业经营无关的支出额。

（4）所得税。它反映企业交纳的所得税费用额。

（5）应缴税金——应缴所得税。它反映企业应纳所得税的应缴数、实缴数和未缴数，即反映企业与税务部门的所得税的结算关系。

（6）利润分配。它反映企业税后利润的分配方向和分配额。

（7）应付利润。它反映企业应付给企业投资人的利润分配额，即反映企业与投资人的结算关系。

（8）盈余公积。它反映企业从税后利润中提取的盈余公积金和公益金的提取数、使用数或转出数。

（9）未分配利润。它反映企业尚未分配或处理的财务成果。

六、汽车维修企业的经营分析

（一）根据财务报表，结合市场现状进行经营分析

汽车维修企业经营管理者，应知道如下几个问题。

① 企业的生产是增产增销还是减产少销？为什么？

② 企业有多少资金？资金从哪里来？用在哪里？用得是否合理有效？

③ 企业资金总感觉不够用，资金使用效果不好的原因是什么？

④ 产品成本是多少？成本升高了还是降低了？成本升降的原因是什么？

⑤ 企业实现了多少利润？利润增加或减少的原因有哪些？

这些问题要求企业管理者根据财务报表，结合市场现状进行经营分析。整个经营分析工作由几个有机联系的步骤构成，即对比找出差距，研究查明原因，计算因素影响，总结提出建议。

1. 对比找出差距

"对比"就是将实际达到的结果同某一标准相比较。在实践中对比标准主要有三种：预定目标、计划或定额；上期或历史最高水平；国内外先进水平。

在进行对比找差距方法时，必须注意经济现象或经济指标的可比性。即被比较的现象或指标，必须符合以下三个条件。

（1）性质上同类。例如，比较企业的资金占用水平，就必须在相同类型的生产企业间进行。

（2）范围上一致。例如，比较不同时期的变动费用，那么两个时期的变动费用所包括的范围就应该基本上一致，否则就不可比了。

（3）时间上相同。就是说，相比较的经济现象或指标，应当是相同时间长度的结果。例如，都采用年度资料或都采用月份或季度资料。

2. 研究查明原因

在对比找差距的基础上，研究查明差距（或差异）产生的原因，是分析工作的重要一步。

每项经营活动的结果，可能是由很多原因造成的，或者说会受到多种因素的影响。这些原因或因素有些是有密切联系的，也有的是可以用一定的经济指标来反映的，因而有可能通过经济指标之间的关系来进行分析。例如，材料消耗量的多少，是决定产品成本升降的原因，或者说是影响产品成本的因素，通过材料消耗量的变化，就可以分析它对产品成本的影响。又如，劳动生产率的高低是决定产量多少的原因，或者说是影响产量的因素，由此也就可以通过劳动生产率的变化分析它对产量的影响。对某一经济指标发生影响的因素存在于客观事物本身之中，在分析中需要熟悉经济现象或经济指标的性质，了解经济指标的构成内容，以便借助逻辑判断，确定影响的因素。

3. 计算因素影响

计算因素影响，就是对影响经济指标的因素或原因，计算它们的变动对经济指标的具体影响，即明确作用方向（有利或不利）和影响程度的大小。根据因素影响的方向和程度，就可在进行决策和制定措施时，抓住主要矛盾，有重点地解决问题。

4. 总结提出建议

分析企业的经营活动，要以改善企业经营管理、取得最佳经济效果为目的。因此，要根据分析的结果，总结企业的工作，提出改善企业经营管理的好建议，并将建议提供给企业的领导层作为决策的参考，以充分挖掘企业的潜力，不断提高企业经营的经济效益。

根据经营活动分析的结果总结企业的工作，可使经营者了解掌握经营状况，对工作成绩和问题的评价更为准确，经济责任更为清楚，提出的工作改进方案和经营决策更加有效，对今后努力的方向更为明确。

根据分析的资料，总结企业的工作，应当本着实事求是的态度，既要肯定成绩，又要指出问题，同时还要指出解决问题的建设性意见，要着眼于帮助企业改善经营管理，挖掘企业的内部潜力，提高经济效益。

（二）营业报表管理

汽车维修企业的财务管理是困扰很多企业经营者的难题，现在可利用简单实用的管理软件，形成有效的营业日报表、月报表、应收应付报表等，便于企业经营者进行经营分析。

1. 营业日报表

企业经营者每天一定要看营业日报表，了解全天的修车台数、修车营业额、配件成本、外加工成本、毛利润。

2. 营业月报表

营业月报表包括全月的修车台数、修车营业额、配件成本、外加工成本、毛利润。企业经营者应将当月数据与往年同期数据比较，分析增加或减少的原因，制定对策。

另外有的信息，它们每天的数据并不能明显地说明什么问题，但是一段时间积累的数据却很重要，有助于企业经营者进行判断或者分析。例如，重点客户的修车统计和异常记录，应收应付款以及欠款大户的记录。

（1）重点客户的统计。

企业的大部分利润是由少数大客户创造的，对他们进行足够的关注，乃是留住大客户最起码的要求。所以，每隔一段时间，就要对大客户的有关情况查看一下。如果发现有不正常的迹象，如业务突然减少、利润急剧变化等，就要查找这些异常的原因。

（2）应收应付款以及欠款大户的记录。

在财务上，应收应付款的管理是非常重要的内容。有一个完善的应收应付款管理系统，可以知道应收应付款的总额，可以知道每一个客户的欠款金额、拖欠的每一笔款项、拖欠时间。

最重要的是关注欠款大户。一般来说，欠款大户都是重要客户，是不能随意处理的，建议企业领导亲自关注这个问题。

企业在平时就要多关注这些既是利润大户，又可能是欠款大户的对象。在平时对这些大户进行必要的关怀，了解这些大户本身的大致经营情况和支付能力。

企业经营者关注应收应付款项，对财务部门也是一种督促，而且还有保证企业流动资金合理流动的意义。

（3）某时间段的经营汇总以及可比时间段的对比。

企业经营者最好能进行某些时段的汇总数据查询统计。例如，本月中旬本厂更换了业务经理，企业经营者可能需要统计前半个月以及后半个月的经营情况，以便了解新业务经理的工作效果。

思考与练习

（1）企业财务会计六大要素是什么？

（2）比较企业财务管理目标的几种代表性的模式各自的优缺点。

（3）简述企业各发展阶段核算的目的及应设立的账户。

知识拓展

一、支票

支票是出票人签发的，委托办理支票存款业务的银行在见票时，无条件支付确定金额给收款人或持票人的票据。支票无金额起点。

1. 支票的种类

支票按支付方式，可分为现金支票和转账支票。

（1）现金支票。支票上印有"现金"字样的支票，它只能用于支取现金。

（2）转账支票。支票上印有"转账"字样的支票，它只能用于转账，不能支取现金。

2．填写支票的方法

（1）填写要求。签发支票应使用墨汁或碳素墨水填写。为了防止编造票据的出票日期，必须用中文大写。

（2）填写日期。填写日期时，月为壹、贰和壹拾的，日为壹至玖和壹拾、贰拾和叁拾的，应在其前加"零"。日为拾壹至拾玖的，应在其前加"壹"。填写日期时填写位置要规范，不得出现错位、挤压现象，否则就是无效支票。

（3）金额。大写：用正楷或行书填写。大写填写时应紧接"人民币"字样填写，不得留有空白。数字到"元"为止的，在"元"之后必须加"整"；数字到"角""分"为止的，"角""分"后不可以加"整"。

小写：使用阿拉伯数字填写时，均应在小写数字前填写人民币符号"¥"。

3．支票的有效期

支票自出票日起10日内有效，超出有效期的支票为无效支票，银行不予受理。

4．支票的背书

（1）持票人向其开户行提示付款的，不需做委托收款背书（又称主动付款，出票人主动到自己的开户行送交支票，付款给收款人）。

（2）委托收款背书。要求：被背书人栏填写收款人开户银行的名称，签章栏填写"委托收款"字样并签章。

（3）支票转让背书，背书应当连续，也就是指在转让中，转让支票的背书人与受让支票的背书人在支票上的签章，依次前后衔接。

5．有效支票

出票日期、受款人名称和出票金额，这三项记载缺一不可。否则就是无效支票，银行不予受理。

6．禁止银行签发的支票的几种情况

（1）签发支票的金额不得超过付款人实有的存款金额（空头支票）。

（2）支票的出售人预留银行签章是银行审核支票付款的依据。因此，出票人不得签发与其预留银行签章不符的支票。

（3）银行还可以审核与出票人约定的支付密码，出票人不得签发密码错误的支票。

以上三种情况即签发空头支票、印鉴不符和密码错误，根据规定，银行应予以退票，并收取票面金额的5%，但不低于1000元的罚款。

二、银行汇票

1．银行汇票的含义

银行汇票是出票银行签发的，是其在见票时按照实际结算金额无条件支付给收款人或者持票人的票据。银行汇票的出票银行为银行汇票的付款人。单位和个人任何款项结算，均可采用银行汇票。银行汇票可以用于转账，也可以填写"现金"字样的银行汇票用于支取现金。

2．银行汇票的要素

要标明"银行汇票"字样、出票金额、付款人名称、收款人名称、出票日期、出票人签章、无条例支付的承诺等，欠缺诸要素之一的银行汇票无效。

3. 银行汇票的有效期

自出票日起 1 个月内有效。持票人超过付款期限提示付款的，代理付款人不予受理。

4. 如何办理银行汇票

申请人使用银行汇票，应向出票银行填写"银行汇票申请书"，填明收款人名称、汇票金额、申请人名称、申请日期等项目并签章，要预留银行的签章。

申请人和收款人均为个人，需要使用银行汇票向代理付款人（兑付行）支取现金的，申请人须在"银行汇票申请书"上注明代理付款人名称，在"汇票金额"栏先填写"现金"字样，后填写汇票金额。

申请人或收款人为单位的，不得办理"现金"汇票。

签发转账银行汇票，不得填写代理付款人（兑付行）名称；签发现金银行汇票，申请人和收款人必须均为个人，在银行汇票"出票金额"栏填写"现金"字样，后填写出票金额，并填写代理付款人名称。

5. 银行汇票的背书

与支票相同。

三、发票

发票是单位和个人在购销商品、提供或者接受服务以及从事其他经营活动中，开具、取得的收付款凭证。发票根据其作用、内容及使用范围的不同，可以分为普通发票和增值税专用发票两大类。

1. 普通发票

开具发票有如下特殊规定。

（1）用票单位和个人在使用整本发票前，要认真检查有无缺页、缺号，发票联有无发票监制章或印刷不清楚等现象，如发现问题应报告税务机关处理，不得使用。整本发票开始使用后，应做到按号顺序填写，填写项目齐全，内容真实，字迹清楚，填开的发票不得涂改、挖补、撕毁，如发生错开，应将发票各联完整保留，书写或加盖"作废"字样。

（2）开具发票后，发生销货退回的，在收回原发票并注明"作废"字样后，或取得对方有效证明后，可以填开红色发票；发生销售折让的，在收回原发票并注明"作废"字样后，重新开具销售发票。

（3）使用计算机开具发票，须经主管税务机关批准，并使用税务机关统一监制的机打发票，开具后的存根联要按照顺序号装订成册。

2. 增值税专用发票

增值税专用发票，是为加强增值税的征收管理，根据增值税的特点而设计的，专供增值税一般纳税人销售货物或应税劳务使用的一种特殊发票。增值税专用发票只限于经税务机关认定的增值税一般纳税人领购使用。

（1）增值税一般纳税人在填开增值税专用发票时，必须按下列要求开具。

① 使用国家税务总局统一印制的专用发票，不得开具伪造的增值税专用发票。

② 按规定的使用范围、时限填开。

③ 字迹清楚，项目填写齐全，内容正确无误。

④ 不得涂改。如果填写有误，应另行开具增值税专用发票，并在填写错误的专用发票上注明"误填作废"四字。如果专用发票填开后因购货方不索取而成为废票的，也应按填写有误办理。

⑤ 一份发票一次填开完毕，各联内容、金额完全一致。

⑥ 发票联、抵扣联加盖开票单位的财务专用章或发票专用章。

⑦ 不得拆本使用专用发票。

（2）开具专用发票有如下具体要求。

①"销售单位"和"购货单位"栏要写全称，"纳税人登记号"栏必须填写购销双方新15位登记号码，否则不得作为扣税凭证。

②"计量单位"栏应按国家规定的统一"计量单位"填写，"数量"栏按销售货物的实际销售数量填写，"单价"栏必须填写不含税单价，纳税人如果采用销售额和增值税额合并定价方法的，应折算成不含税价。

③"金额"栏的数字应按不含税单价和数量相乘计算填写。计算公式如下。

$$\text{"金额"栏数字} = \text{不含税单价} \times \text{数量}$$

④"税率"栏除税法另有规定外，都必须按税法统一规定的货物的使用税率填写。

⑤"税额"栏应按"金额"栏和"税率"栏相乘计算填写。计算公式如下。

$$\text{"税额"栏数字} = \text{金额} \times \text{税率}$$

或

$$\text{"税额"栏数字} = \text{单价} \times \text{数量} \times \text{税率}$$

⑥ 税务所为小规模企业代开增值税专用发票，应在专用发票"单价"栏和"金额"栏分别填写不含其本身应纳税额的单价和销售额；"税率"栏填写增值税征收率 6%；"税额"栏填写其本身应纳税的税额，即按销售额依照 6%征收率计算的增值税额。

四、税票

税票是税务机关征收税款时所用的各种专用凭证。

1. 税票的特点

（1）税票是一种可以无偿收取货币资金的凭证。

（2）税票填用后成为征纳双方会计核算的原始凭证。

（3）税票是纳税人履行纳税义务的唯一合法凭证。

2. 税票的填写

填写税票，首先应了解各种票证的内容、用途及填写规定，然后逐项逐栏如实填写。

五、税收

1. 税务登记

税务登记是税务机关依法对纳税人与履行纳税义务有关的生产经营情况及其税源变化情况进行的登记管理活动。

（1）税务登记的范围和时间。凡经国家工商行政管理部门批准，从事生产、经营的纳税人，都属于税务登记的范围，均应按规定向当地税务机关申报，办理税务登记。

（2）税务登记的内容。

① 开业税务登记。从事生产经营的纳税人，应当在规定的时间内向税务机关书面申报办理税务登记。

② 变更或注销税务登记。税务登记内容发生变化时，纳税人在工商行政管理机关办理注册登记的，应当自工商行政管理机关办理变更登记30日内，持有关证件向原税务机关申报办理变更税务登记；纳税人不需要在工商行政管理机关办理注册登记的，应当自有关机关批准或者宣布变更之日起30日内，持有关证件向原税务机关申报办理变更税务登记。

2. 纳税申报的内容

纳税人办理纳税申报时，应当如实填写纳税申报表，并根据不同情况相应报送下列有关证件、资料。

（1）财务、会计报告表及其说明材料。

（2）与纳税有关的合同、协议书。

（3）外出经营活动税收管理证明。

（4）境内或境外公证机构出具的有关证明文件。

（5）税务机关规定应当报送的其他有关证件、资料。

（6）纳税申报的时间和期限。

3. 适用税种与税率

我国现行的税种有增值税、消费税、资源税、企业所得税、城市维护建设税、城镇土地使用税、房产税、车船税、印花税、土地增值税、契税等。

税率是应纳税额与征税对象之间的比例，是计算税额的尺度，反映了征税的深度。在征税对象数额已定的情况下，税率的高低决定了税额的多少。我国税率分为三种，即比例税率、累进税率和定额税率。

（1）比例税率是对同一征税对象，不论数额多少，按照所需税目，都按同一个比例征税。这种税率在税额和征税对象之间的比例是固定的。

（2）累进税率是按照征税对象的数额大小或比率高低，划分为若干等级，每个等级由低到高规定相应的税率。税率与征税对象数额或比率成正比，征税对象数额大、比率高；反之，税率就低。

（3）定额税率是按征税对象的一定计量单位直接规定一定数量的税额，而不是按征收比例。定额税率一般适用于从量计征的某些税种。

项目十
汽车维修行业管理规定

项目导入

1. 小赵在某居民小区旁开了一家汽车润滑与养护店。随着客户量的增加，小赵想新增车身维修业务。于是他租下旁边的厂房，经过一番装修后，又购进了10多万元的设备就开始营业了。可没过两天，小区居民向生态环境局投诉，生态环境局的工作人员要求小赵立即停止经营。原来，小赵的车身维修店紧靠居民区，喷漆的雾气干扰了居民正常的生活。

2. 小刘的好朋友小钱找到他，说自己的汽车维修厂不具备出具机动车维修竣工出厂合格证的资格，要小刘帮助，作为报酬从每台车的维修费中分给他50元，小刘觉得小钱是自己的朋友又有利可图就答应了。谁知一年后，县道路运输管理部门找到他，告诉他买卖机动车维修竣工出厂合格证是违法行为，没收了他的非法所得，并对他进行了罚款。这时小刘才知道《机动车维修管理规定》规定：机动车维修经营者签发虚假机动车维修竣工出厂合格证的，由县级以上道路运输管理机构责令改正；有违法所得的，没收违法所得，处以违法所得2倍以上10倍以下的罚款；没有违法所得或者违法所得不足3000元的，处以5000元以上2万元以下的罚款；情节严重的，由县级以上道路运输管理机构责令停业整顿；构成犯罪的，依法追究刑事责任。小刘悔恨不已。

汽车维修企业需要遵守哪些行业管理规定呢？

项目要求

➢ 掌握机动车维修管理规定。
➢ 熟悉道路运输从业人员管理规定。
➢ 熟悉缺陷汽车产品召回管理条例实施办法。
➢ 熟悉家用汽车产品修理、更换、退货责任规定。
➢ 掌握汽车维修业开业条件。
➢ 熟悉消费者权益保护法。
课时：6课时

相关知识

一、机动车维修管理规定

《机动车维修管理规定》是从事汽车维修经营必须遵守的管理规定，该规定于 2005 年 6 月 24 日由中华人民共和国交通部发布，根据 2015 年 8 月 8 日交通运输部《关于修改〈机动车维修管理规定〉的决定》进行第一次修正。根据 2016 年 4 月 19 日交通运输部《关于修改〈机动车维修管理规定〉的决定》进行第二次修正。根据 2019 年 6 月 21 日交通运输部《关于修改〈机动车维修管理规定〉的决定》进行第三次修正。

机动车维修经营，是指以维持或者恢复机动车技术状况和正常功能，延长机动车使用寿命为作业任务所进行的维护、修理以及维修救援等相关经营活动。《机动车维修管理规定》规定机动车维修经营者应当依法经营，诚实信用，公平竞争，优质服务，落实安全生产主体责任和维修质量主体责任。机动车维修管理，应当公平、公正、公开和便民。任何单位和个人不得封锁或者垄断机动车维修市场。鼓励机动车维修企业实行集约化、专业化、连锁经营，促进机动车维修业的合理分工和协调发展。

1. 经营备案

《机动车维修管理规定》要求从事机动车维修经营业务的进行"经营备案"，备案是免费的。

（1）从事机动车维修经营业务的，应当在依法向市场监督管理机构办理有关登记手续后，向所在地县级道路运输管理机构进行备案。

道路运输管理机构应当按照《中华人民共和国道路运输条例》和本规定实施机动车维修经营备案。道路运输管理机构不得向机动车维修经营者收取备案相关费用。

（2）机动车维修经营依据维修车型种类、服务能力和经营项目实行分类备案。

① 机动车维修经营业务根据维修对象分为汽车维修经营业务、危险货物运输车辆维修经营业务、摩托车维修经营业务和其他机动车维修经营业务四类。

② 汽车维修经营业务、其他机动车维修经营业务根据经营项目和服务能力分为一类维修经营业务、二类维修经营业务和三类维修经营业务。

（3）一类、二类汽车维修经营业务或者其他机动车维修经营业务，可以从事相应车型的整车修理、总成修理、整车维护、小修、维修救援、专项修理和维修竣工检验工作；三类汽车维修经营业务（含汽车综合小修）、三类其他机动车维修经营业务，可以分别从事汽车综合小修或者发动机维修、车身维修、电气系统维修、自动变速器维修、轮胎动平衡及修补、四轮定位检测调整、汽车润滑与养护、喷油泵和喷油器维修、曲轴修磨、气缸镗磨、散热器维修、空调维修、汽车美容装潢、汽车玻璃安装及修复等汽车专项维修工作。具体有关经营项目按照《汽车维修业开业条件》（GB/T 16739—2014）相关条款的规定执行。

（4）从事危险货物运输车辆维修经营业务的，除可以从事危险货物运输车辆维修经营业务外，还可以从事一类汽车维修经营业务。

（5）从事汽车维修经营业务或者其他机动车维修经营业务的，应当符合下列条件：

① 有与其经营业务相适应的维修车辆停车场和生产厂房。租用的场地应当有书面的租赁合同，且租赁期限不得少于 1 年。停车场和生产厂房面积按照国家标准《汽车维修业开业条件》（GB/T 16739—2014）相关条款的规定执行。

② 有与其经营业务相适应的设备、设施。所配备的计量设备应当符合国家有关技术标准要求，并经法定检定机构检定合格。从事汽车维修经营业务的设备、设施的具体要求按照国家标准《汽车维修业开业条件》（GB/T 16739—2014）相关条款的规定执行；从事其他机动车维修经营业务的设备、设施的具体要求，参照国家标准《汽车维修业开业条件》（GB/T 16739—2014）执行，但所配备设施、设备应与其维修车型相适应。

③ 有必要的技术人员。

➤ 从事一类和二类维修业务的应当各配备至少 1 名技术负责人员、质量检验人员、业务接待人员以及从事机修、电器、钣金、涂漆的维修技术人员。技术负责人员应当熟悉汽车或者其他机动车维修业务，并掌握汽车或者其他机动车维修及相关政策法规和技术规范；质量检验人员应当熟悉各类汽车或者其他机动车维修检测作业规范，掌握汽车或者其他机动车维修故障诊断和质量检验的相关技术，熟悉汽车或者其他机动车维修服务收费标准及相关政策法规和技术规范，并持有与承修车型种类相适应的机动车驾驶证；从事机修、电器、钣金、涂漆的维修技术人员应当熟悉所从事工种的维修技术和操作规范，并了解汽车或者其他机动车维修及相关政策法规。各类技术人员的配备要求按照《汽车维修业开业条件》（GB/T 16739—2014）相关条款的规定执行。

➤ 从事三类维修业务的，按照其经营项目分别配备相应的机修、电器、钣金、涂漆的维修技术人员；从事汽车综合小修、发动机维修、车身维修、电气系统维修、自动变速器维修的，还应当配备技术负责人员和质量检验人员。各类技术人员的配备要求按照国家标准《汽车维修业开业条件》（GB/T 16739—2014）相关条款的规定执行。

④ 有健全的维修管理制度。包括质量管理制度、安全生产管理制度、车辆维修档案管理制度、人员培训制度、设备管理制度及配件管理制度。具体要求按照国家标准《汽车维修业开业条件》（GB/T 16739—2014）相关条款的规定执行。

⑤ 有必要的环境保护措施。具体要求按照国家标准《汽车维修业开业条件》（GB/T 16739—2014）相关条款的规定执行。

（6）从事危险货物运输车辆维修的汽车维修经营者，除具备汽车维修经营一类维修经营业务的条件外，还应当具备下列条件：

① 有与其作业内容相适应的专用维修车间和设备、设施，并设置明显的指示性标志；

② 有完善的突发事件应急预案,应急预案包括报告程序、应急指挥以及处置措施等内容；

③ 有相应的安全管理人员；

④ 有齐全的安全操作规程。

这里所称危险货物运输车辆维修，是指对运输易燃、易爆、腐蚀、放射性、剧毒等性质货物的机动车维修，不包含对危险货物运输车辆罐体的维修。

（7）从事机动车维修经营的，应当向所在地的县级道路运输管理机构进行备案，提交"机动车维修经营备案表"（见表 10-1），并附送下列材料，保证材料真实完整：

① 维修经营者的营业执照复印件；

② 经营场地（含生产厂房和业务接待室）、停车场面积材料、土地使用权及产权证明等相关材料；

③ 技术人员汇总表，以及各相关人员的学历、技术职称或职业资格证明等相关材料；

④ 维修设备设施汇总表，维修检测设备及计量设备检定合格证明等相关材料；

⑤ 维修管理制度等相关材料；

⑥ 环境保护措施等相关材料。

表 10-1　　　　　　　　　　**机动车维修经营备案表**

（□首次备案　□备案变更）

经营者名称	（与营业执照名称一致）			
经营地址	××省（区、市）××市（州）××县（市、区）××街（镇、乡）××号			
企业法定代表人（个体不填写此项）		统一社会信用代码		
主要负责人 （个体填写经营者，企业填写法人任命的负责人）	姓名		身份证号	
	联系电话		电子邮箱/传真	

企业性质	□国有　□集体　□私营　□外资（国别　　）		
经营类型	□综合修理　□机动车生产、进口企业授权维修　□其他（　　）		□连锁经营
经营范围	业务类型	□汽车维修　　　　　□摩托车维修　　　　　□其他机动车维修	
	业户类别	□一类　□二类　□三类　　□一类　□二类　　□一类　□二类　□三类	

		一类	□大中型客车维修　□大型货车维修　□小型车维修　□危险货物运输车辆维修（可多选）
经营范围	项目种类	二类	□大中型客车维修　□大型货车维修　□小型车维修　　（可多选）
		三类	□综合小修　□发动机维修　□车身维修　□电气系统维修　□自动变速器维修　□轮胎动平衡及修补　□四轮定位检测调整　□汽车润滑与养护　□喷油泵和喷油器维修　□曲轴修磨　□气缸镗磨　□散热器维修　□空调维修　□汽车美容装潢　□汽车玻璃安装及修复（可多选）

其他备案材料	通用要求	□ 1. 维修经营者的营业执照复印件 □ 2. 经营场地、停车场面积、土地使用权及产权证明等相关材料 □ 3. 技术人员汇总表，以及各相关人员的学历、技术职称或职业资格证明等相关材料 □ 4. 维修设备设施汇总表，维修检测设备及计量设备检定合格证明等相关材料 □ 5. 维修管理制度等相关材料 □ 6. 环境保护措施等相关材料
	特殊要求	□ 7. 与其作业内容相适应的专用维修车间和设备、设施等相关材料（危险货物运输车辆维修经营者填写） □ 8. 突发事件应急预案（危险货物运输车辆维修经营者填写） □ 9. 安全管理人员汇总表（危险货物运输车辆维修经营者填写） □ 10. 安全操作规程材料（危险货物运输车辆维修经营者填写） □ 11. 连锁经营协议书副本（连锁维修经营者填写） □ 12. 连锁经营的作业标准和管理手册（连锁维修经营者填写） □ 13. 连锁经营服务网点符合机动车维修经营相应条件承诺书（连锁维修经营者填写）

本经营者声明：

1. 已知晓《中华人民共和国道路运输条例》《机动车维修管理规定》《汽车维修业开业条件》（GB/T 16739—2014）、《摩托车维修业开业条件》（GB/T 18189—2008）等国家机动车维修有关法律法规及标准，知晓机动车维修开业条件要求和备案要求；

2. 所提供的备案材料信息内容真实、准确，不存在虚假记载、误导性陈述或者重大遗漏，所有文件的签名、印章真实有效。如有不实之处，愿承担相应的法律责任。

法定代表人或主要负责人（签字）：　　　　　　　　　　单位（盖章）：　　　年　月　日

□ 备案材料齐全； □ 备案材料不齐全，请补充：＿＿＿＿＿＿ 承办人（签字）：　　　　年　月　日	复核（签字）： 备案编号： 备案机关（盖章）：　　　年　月　日

填写说明：①请根据《机动车维修管理规定》有关要求填写此表；②其他备案材料：维修经营者备案应依法提交第 1 至 6 项材料，危险货物运输车辆维修经营者还需提交第 7 至 10 项材料，维修连锁经营服务者还需提交第 11 至 13 项材料；③承办人是指备案机关受理备案并对备案材料依法进行审查的工作人员，复核是指备案机关对备案材料进行复核并备案编号的工作人员；④办理备案变更的，仅需填写变更事项，并与原备案表一并存档。

（8）从事机动车维修连锁经营服务的，其机动车维修连锁经营企业总部应先完成备案。

机动车维修连锁经营服务网点可由机动车维修连锁经营企业总部向连锁经营服务网点所在地县级道路运输管理机构进行备案，提交"机动车维修经营备案表"，附送下列材料，并对材料真实性承担相应的法律责任：

① 连锁经营协议书副本；

② 连锁经营的作业标准和管理手册；

③ 连锁经营服务网点符合机动车维修经营相应条件的承诺书。

连锁经营服务网点的备案经营项目应当在机动车维修连锁经营企业总部备案经营项目范围内。

（9）道路运输管理机构收到备案材料后，对材料齐全且符合备案要求的应当予以备案，并编号归档；对材料不全或者不符合备案要求的，应当场或者自收到备案材料之日起 5 日内一次性书面通知备案人需要补充的全部内容。

（10）机动车维修经营者名称、法定代表人、经营范围、经营地址等备案事项发生变化的，应当向原办理备案的道路运输管理机构办理备案变更。机动车维修经营者需要终止经营的，应当在终止经营前 30 日告知原备案机构。

（11）道路运输管理机构应当向社会公布已备案的机动车维修经营者名单并及时更新，便于社会查询和监督。

2. 维修经营

（1）机动车维修经营者应当按照备案的经营范围开展维修服务。

（2）机动车维修经营者应当将"机动车维修企业标志牌"（见图 10-1 和图 10-2）悬挂在经营场所的醒目位置。"机动车维修企业标志牌"由机动车维修经营者按照统一式样和要求自行制作。

(A) 汽车 ⊗ 维修企业

NO.XXXXXX

经营项目　　　　(B)

备案部门　XXXXXX

监督电话　XXXXXX

XXXXXX　监制

注：1.外轮廓尺寸为 750mm×500mm×25mm；"汽车维修企业"用 55mm×40mm 长黑体；蓝色徽标直径为 85mm；No.XXXXXX 用高 20mm 黑体；经营项目、备案部门、监督电话用 32mm×27mm 长黑体；材质：铜牌材。
2.A 处根据备案项目，分别填写一类或二类。
3.B 处根据备案项目，分别填写小型车、大中型客车、大型货车维修。危险品运输车辆维修企业，还应增加危险货物运输车辆维修，用 23mm×30mm 扁体。

图 10-1　"一、二类汽车及其他机动车维修企业标志牌"式样

专项（三类）汽车 ⊛ 维修企业（业户）

NO.XXXXXX

经营项目　　　　（A）

备案部门　XXXXXX

监督电话　XXXXXX

XXXXXX 监制

注：1.外轮廓尺寸为 750mm×500mm×25mm；"专项（三类）汽车维修企业（业户）"用 55mm×40mm 长黑体；蓝色散标直径为 85mm；No.XXXXXX 用高 20mm 黑体；"经营项目、备案部门、监督电话"用 32mm×27mm 长黑体；材质：铜牌材。
2.A 处根据备案项目，分别填写：汽车综合小修、发动机维修、车身维修、电气系统维修、自动变速器维修、轮胎动平衡及修补、四轮定位检测调整、汽车润滑与养护、喷油泵喷油嘴维修、曲轴修磨、气缸镗磨、散热器维修、空调维修、汽车美容装潢、汽车玻璃安装及修复等，用 23mm×28mm 扁黑体。

图 10-2　"专项（三类）汽车及其他机动车维修企业标志牌"式样

（3）机动车维修经营者不得擅自改装机动车，不得承修已报废的机动车，不得利用配件拼装机动车。

托修方要改变机动车车身颜色，更换发动机、车身和车架的，应当按照有关法律、法规的规定办理相关手续，机动车维修经营者在查看相关手续后方可承修。

（4）机动车维修经营者应当加强对从业人员的安全教育和职业道德教育，确保安全生产。

机动车维修从业人员应当执行机动车维修安全生产操作规程，不得违章作业。

（5）机动车维修产生的废弃物，应当按照国家的有关规定进行处理。

（6）机动车维修经营者应当公布机动车维修工时定额和收费标准，合理收取费用。

机动车维修工时定额可按各省机动车维修协会等行业中介组织统一制定的标准执行，也可按机动车维修经营者报所在地道路运输管理机构备案后的标准执行，也可按机动车生产厂家公布的标准执行。当上述标准不一致时，优先适用机动车维修经营者备案的标准。

机动车维修经营者应当将其执行的机动车维修工时单价标准报所在地道路运输管理机构备案。

机动车生产、进口企业应当在新车型投放市场后六个月内，向社会公布其生产、进口机动车车型的维修技术信息和工时定额。具体要求按照国家有关部门关于汽车维修技术信息公开的规定执行。

（7）机动车维修经营者应当使用规定的结算票据，并向托修方交付维修结算清单，作为托修方追责依据。维修结算清单中，工时费与材料费应当分项计算。维修结算清单应当符合交通运输部有关标准要求，维修结算清单内容应包括托修方信息、承修方信息、维修费用明细单等。

机动车维修经营者不出具规定的结算票据和结算清单的，托修方有权拒绝支付费用。

（8）机动车维修经营者应当按照规定，向道路运输管理机构报送统计资料。

道路运输管理机构应当为机动车维修经营者保守商业秘密。

（9）机动车维修连锁经营企业总部应当按照统一采购、统一配送、统一标识、统一经营方针、统一服务规范和价格的要求，建立连锁经营的作业标准和管理手册，加强对连锁经营服务网点经营行为的监管和约束，杜绝不规范的商业行为。

3. 质量管理

（1）机动车维修经营者应当按照国家、行业或者地方的维修标准规范和机动车生产、进口企业公开的维修技术信息进行维修。尚无标准或规范的，可参照机动车生产企业提供的维修手册、使用说明书和有关技术资料进行维修。

机动车维修经营者不得通过临时更换机动车污染控制装置、破坏机动车车载排放诊断系统等维修作业，使机动车通过排放检验。

（2）机动车维修经营者不得使用假冒伪劣配件维修机动车。

机动车维修配件实行追溯制度。机动车维修经营者应当记录配件采购、使用信息，查验产品合格证等相关证明，并按规定留存配件来源凭证。

托修方、维修经营者可以使用同质配件维修机动车。同质配件是指，产品质量等同或者高于装车零部件标准要求，且具有良好装车性能的配件。

机动车维修经营者对于换下的配件、总成，应当交托修方自行处理。

机动车维修经营者应当将原厂配件、同质配件和修复配件分别标识，明码标价，供用户选择。

（3）机动车维修经营者对机动车进行二级维护、总成修理、整车修理的，应当实行维修前诊断检验、维修过程检验和竣工质量检验制度。

承担机动车维修竣工质量检验的机动车维修企业或机动车综合性能检测机构应当使用符合有关标准并在检定有效期内的设备，按照有关标准进行检测，如实提供检测结果证明，并对检测结果承担法律责任。

（4）机动车维修竣工质量检验合格的，维修质量检验人员应当签发"机动车维修竣工出厂合格证"；未签发机动车维修竣工出厂合格证的机动车，不得交付使用，车主可以拒绝交费或接车。

（5）机动车维修经营者应当建立机动车维修档案，并实行档案电子化管理。维修档案应当包括：维修合同（托修单）、维修项目、维修人员及维修结算清单等。对机动车进行二级维护、总成修理、整车修理的，维修档案还应当包括：质量检验单、质量检验人员、竣工出厂合格证（副本）等。

机动车维修经营者应当按照规定如实填报、及时上传承修机动车的维修电子数据记录至国家有关汽车维修电子健康档案系统。机动车生产厂家或者第三方开发、提供机动车维修服务管理系统的，应当向汽车维修电子健康档案系统开放相应数据接口。

机动车托修方有权查阅机动车维修档案。

（6）道路运输管理机构应当加强机动车维修从业人员管理，建立健全从业人员信用档案，加强从业人员诚信监管。

机动车维修经营者应当加强从业人员从业行为管理，促进从业人员诚信、规范从业维修。

（7）道路运输管理机构应当加强对机动车维修经营的质量监督和管理，采用定期检查、随机抽样检测检验的方法，对机动车维修经营者维修质量进行监督。

道路运输管理机构可以委托具有法定资格的机动车维修质量监督检验单位，对机动车维修质量进行监督检验。

（8）机动车维修实行竣工出厂质量保证期制度。

汽车和危险货物运输车辆整车修理或总成修理质量保证期为车辆行驶20000km或者100日；二级维护质量保证期为车辆行驶5000km或者30日；一级维护、小修及专项修理质量保证期为车辆行驶2000km或者10日。

其他机动车整车修理或者总成修理质量保证期为机动车行驶 6000km 或者 60 日；维护、小修及专项修理质量保证期为机动车行驶 700km 或者 7 日。

质量保证期中行驶里程和日期指标，以先达到者为准。

机动车维修质量保证期，从维修竣工出厂之日起计算。

（9）在质量保证期和承诺的质量保证期内，因维修质量原因造成机动车无法正常使用，且承修方在 3 日内不能或者无法提供因非维修原因而造成机动车无法使用的相关证据的，机动车维修经营者应当及时无偿返修，不得故意拖延或者无理拒绝。

在质量保证期内，机动车因同一故障或维修项目经两次修理仍不能正常使用的，机动车维修经营者应当负责联系其他机动车维修经营者，并承担相应修理费用。

（10）机动车维修经营者应当公示承诺的机动车维修质量保证期。所承诺的质量保证期应不得低于《机动车维修管理规定》的标准。

（11）发生质量纠纷由道路运输管理机构受理机动车维修质量投诉，道路运输管理机构按照维修合同约定和相关规定调解维修质量纠纷。

（12）机动车维修质量纠纷双方当事人均有保护当事车辆原始状态的义务。必要时可拆检车辆有关部位，但双方当事人应同时在场，共同认可拆检情况。

（13）对机动车维修质量的责任认定需要进行技术分析和鉴定，且承修方和托修方共同要求道路运输管理机构出面协调的，道路运输管理机构应当组织专家组或委托具有法定检测资格的检测机构进行技术分析和鉴定。鉴定费用由责任方承担。

（14）对机动车维修经营者实行质量信誉考核制度。机动车维修质量信誉考核办法另行制定。

机动车维修质量信誉考核内容应当包括经营者基本情况、经营业绩（含奖励情况）、不良记录等。

（15）道路运输管理机构采集机动车维修企业信用信息，并建立机动车维修企业信用档案，除涉及国家秘密、商业秘密外，应当依法公开，供公众查阅。机动车维修质量信誉考核结果、汽车维修电子健康档案系统维修电子数据记录上传情况及车主评价、投诉和处理情况是机动车维修信用档案的重要组成部分。

（16）建立机动车维修经营者和从业人员黑名单制度，县级道路运输管理机构负责认定机动车维修经营者和从业人员黑名单，具体办法由交通运输部另行制定。

4. 法律责任

违反《机动车维修管理规定》从事机动车维修经营业务的，要承担相应的法律责任。

（1）未按规定进行备案的，由县级以上道路运输管理机构责令改正；拒不改正的，处 5000元以上 2 万元以下的罚款。

（2）从事机动车维修经营业务不符合国务院交通运输主管部门制定的机动车维修经营业务标准的，由县级以上道路运输管理机构责令改正；情节严重的，由县级以上道路运输管理机构责令停业整顿。

（3）机动车维修经营者使用假冒伪劣配件维修机动车，承修已报废的机动车或者擅自改装机动车的，由县级以上道路运输管理机构责令改正；有违法所得的，没收违法所得，处违法所得 2 倍以上 10 倍以下的罚款；没有违法所得或者违法所得不足 1 万元的，处 2 万元以上5 万元以下的罚款，没收假冒伪劣配件及报废车辆；情节严重的，由县级以上道路运输管理机构责令停业整顿；构成犯罪的，依法追究刑事责任。

（4）机动车维修经营者签发虚假机动车维修竣工出厂合格证的，由县级以上道路运输管理机构责令改正；有违法所得的，没收违法所得，处以违法所得 2 倍以上 10 倍以下的罚款；没有违法所得或者违法所得不足 3000 元的，处以 5000 元以上 2 万元以下的罚款；情节严重的，由县级以上道路运输管理机构责令停业整顿；构成犯罪的，依法追究刑事责任。

（5）有下列行为之一的，由县级以上道路运输管理机构责令其限期整改；限期整改不合格的，予以通报：

① 机动车维修经营者未按照规定执行机动车维修质量保证期制度的；

② 机动车维修经营者未按照有关技术规范进行维修作业的；

③ 伪造、转借、倒卖机动车维修竣工出厂合格证的；

④ 机动车维修经营者只收费不维修或者虚列维修作业项目的；

⑤ 机动车维修经营者未在经营场所醒目位置悬挂机动车维修企业标志牌的；

⑥ 机动车维修经营者未在经营场所公布收费项目、工时定额和工时单价的；

⑦ 机动车维修经营者超出公布的结算工时定额、结算工时单价向托修方收费的；

⑧ 机动车维修经营者未按规定建立机动车维修档案并实行档案电子化管理，或者未及时上传维修电子数据记录至国家有关汽车维修电子健康档案系统的。

二、道路运输从业人员管理规定

《道路运输从业人员管理规定》于 2006 年 11 月 23 日由中华人民共和国交通部发布，根据 2016 年 4 月 21 日《交通运输部关于修改〈道路运输从业人员管理规定〉的决定》进行第一次修正，根据 2019 年 6 月 21 日《交通运输部关于修改〈道路运输从业人员管理规定〉的决定》进行第二次修正。

（一）总则

1. 分类

道路运输从业人员是指经营性道路客货运输驾驶员、道路危险货物运输从业人员、机动车维修技术人员、机动车驾驶培训教练员、道路运输经理人和其他道路运输从业人员。

机动车维修技术人员包括机动车维修技术负责人员、质量检验人员以及从事机修、电器、钣金、涂漆、车辆技术评估（含检测）作业的技术人员。

2. 机动车维修技术人员的管理

道路运输从业人员应当依法经营，诚实信用，规范操作，文明从业。

交通运输部负责全国道路运输从业人员管理工作。

县级以上地方人民政府交通运输主管部门负责组织领导本行政区域内的道路运输从业人员管理工作，并具体负责本行政区域内道路危险货物运输从业人员的管理工作。

县级以上道路运输管理机构具体负责本行政区域内经营性道路客货运输驾驶员、机动车维修技术人员、机动车驾驶培训教练员、道路运输经理人和其他道路运输从业人员的管理工作。

（二）从业资格管理

从业资格是对道路运输从业人员所从事的特定岗位职业素质的基本评价。

鼓励机动车维修企业优先聘用取得国家职业资格的从业人员从事机动车维修工作。

机动车维修技术人员应当符合下列条件：

1. 技术负责人员

（1）具有机动车维修或者相关专业大专以上学历，或者具有机动车维修或相关专业中级以上专业技术职称；

（2）熟悉机动车维修业务，掌握机动车维修及相关政策法规和技术规范。

2. 质量检验人员

（1）具有高中以上学历；

（2）熟悉机动车维修检测作业规范，掌握机动车维修故障诊断和质量检验的相关技术，熟悉机动车维修服务收费标准及相关政策法规和技术规范。

3. 从事机修、电器、钣金、涂漆、车辆技术评估（含检测）作业的技术人员

（1）具有初中以上学历；

（2）熟悉所从事工种的维修技术和操作规范，并了解机动车维修及相关政策法规。

交通运输主管部门或者道路运输管理机构应当建立道路运输从业人员从业资格管理档案。

道路运输从业人员从业资格管理档案包括：从业资格考试申请材料，从业资格考试及从业资格证件记录，从业资格证件换发、补发、变更记录，违章、事故及诚信考核、继续教育记录等。

交通运输主管部门和道路运输管理机构应当向社会提供道路运输从业人员相关从业信息的查询服务。

（三）从业资格证件管理

（1）交通运输主管部门和道路运输管理机构应当建立道路运输从业人员从业资格证件管理数据库，使用全国统一的管理软件核发从业资格证件，并逐步采用电子存取和防伪技术，确保有关信息实时输入、输出和存储。

交通运输主管部门和道路运输管理机构应当结合道路运输从业人员从业资格证件的管理工作，建立道路运输从业人员管理信息系统，并逐步实现异地稽查信息共享和动态资格管理。

（2）机动车维修技术人员违章记录直接记入诚信管理档案，并作为诚信考核的重要内容。

（3）道路运输从业人员诚信考核和计分考核周期为 12 个月，从初次领取从业资格证件之日起计算。诚信考核等级分为优良、合格、基本合格和不合格，分别用 AAA 级、AA 级、A 级和 B 级表示。在考核周期内，累计计分超过规定的，诚信考核等级为 B 级。

省级交通运输主管部门和道路运输管理机构应当将道路运输从业人员每年的诚信考核和计分考核结果向社会公布，供公众查阅。

（四）从业行为规定

道路运输从业人员在从事道路运输活动时，应当携带相应的从业资格证件，并应当遵守国家相关法规和道路运输安全操作规程，不得违法经营、违章作业。

道路运输从业人员应当按照规定参加国家相关法规、职业道德及业务知识培训。

机动车维修技术人员应当按照维修规范和程序作业，不得擅自扩大维修项目，不得使用假冒伪劣配件，不得擅自改装机动车，不得承修已报废的机动车，不得利用配件拼装机

动车。

三、缺陷汽车产品召回管理条例实施办法

2015年12月22日，国家质量监督检验检疫总局[1]正式公布了《缺陷汽车产品召回管理条例实施办法》，该管理办法于2016年1月1日起正式实施。

《缺陷汽车产品召回管理条例实施办法》根据《缺陷汽车产品召回管理条例》制定，在中国境内生产、销售的汽车和汽车挂车（以下统称汽车产品）的召回及其监督管理，适用本办法。

汽车产品是指中华人民共和国国家标准《汽车和挂车类型的术语和定义》（GB/T 3730.1—2001）规定的汽车和挂车。

生产者是指在中国境内依法设立的生产汽车产品并以其名义颁发产品合格证的企业。从中国境外进口汽车产品到境内销售的企业视为生产者。

汽车产品生产者（以下简称生产者）是缺陷汽车产品的召回主体。汽车产品存在缺陷的，生产者应当依照本办法实施召回。

国家市场监督管理总局负责全国缺陷汽车产品召回的监督管理工作。国家市场监督管理总局缺陷产品召回技术机构是国家市场监督管理总局缺陷产品管理中心，缺陷产品管理中心按照国家市场监督管理总局的规定承担缺陷汽车产品召回信息管理、缺陷调查以及召回管理中的具体技术工作。国家市场监督管理总局缺陷产品管理中心设有网站（见图10-3），进行缺陷产品召回管理。

图10-3 国家市场监督管理总局缺陷产品管理中心网站

《缺陷汽车产品召回管理条例实施办法》的主要内容如下。

1. 信息管理

（1）任何单位和个人有权向市场监督管理部门投诉汽车产品可能存在的缺陷等有关问题。

---

[1] 2018年3月，国家质量监督检验检疫总局的职责被整合，组建了中华人民共和国国家市场监督管理总局；国家质量监督检验检疫总局的出入境检验检疫管理职责和队伍划入海关总署；国家质量监督检验检疫总局的原产地地理标志管理职责整合，重新组建中华人民共和国国家知识产权局；不再保留中华人民共和国国家质量监督检验检疫总局。

（2）国家市场监督管理总局负责组织建立缺陷汽车产品召回信息管理系统，收集汇总、分析处理有关缺陷汽车产品信息，备案生产者信息，发布缺陷汽车产品信息和召回相关信息。国家市场监督管理总局负责与国务院有关部门共同建立汽车产品的生产、销售、进口、登记检验、维修、事故、消费者投诉、召回等信息的共享机制。

（3）地方市场监督管理部门发现本行政区域内缺陷汽车产品信息的，应当将信息逐级上报。

（4）生产者应当建立健全汽车产品可追溯信息管理制度，确保能够及时确定缺陷汽车产品的召回范围并通知车主。

（5）生产者应当保存以下汽车产品设计、制造、标识、检验等方面的信息：

① 汽车产品设计、制造、标识、检验的相关文件和质量控制信息；

② 涉及安全的汽车产品零部件生产者及零部件的设计、制造、检验信息；

③ 汽车产品生产批次及技术变更信息；

④ 其他相关信息。生产者还应当保存车主名称、有效证件号码、通信地址、联系电话、购买日期、车辆识别代码（VIN）等汽车产品初次销售的车主信息。

（6）生产者应当向国家市场监督管理总局备案以下信息：

① 生产者基本信息；

② 汽车产品技术参数和汽车产品初次销售的车主信息；

③ 因汽车产品存在危及人身、财产安全的故障而发生修理、更换、退货的信息；

④ 汽车产品在中国境外实施召回的信息；

⑤ 技术服务通报、公告等信息；

⑥ 其他需要备案的信息。生产者依法备案的信息发生变化的，应当在 20 个工作日内进行更新。

（7）销售、租赁、维修汽车产品的经营者（以下统称经营者）应当建立并保存其经营的汽车产品型号、规格、车辆识别代码、数量、流向、购买者信息、租赁、维修等信息。

（8）经营者、汽车产品零部件生产者应当向国家市场监督管理总局报告所获知的汽车产品可能存在缺陷的相关信息，并通报生产者。

2. 缺陷调查

（1）生产者获知汽车产品可能存在缺陷的，应当立即组织调查分析，并将调查分析结果报告国家市场监督管理总局。

生产者经调查分析确认汽车产品存在缺陷的，应当立即停止生产、销售、进口缺陷汽车产品，并实施召回；生产者经调查分析认为汽车产品不存在缺陷的，应当在报送的调查分析结果中说明分析过程、方法、风险评估意见以及分析结论等。

（2）国家市场监督管理总局负责组织对缺陷汽车产品召回信息管理系统收集的信息、有关单位和个人的投诉信息以及通过其他方式获取的缺陷汽车产品相关信息进行分析，发现汽车产品可能存在缺陷的，应当立即通知生产者开展相关调查分析。

生产者应当按照国家市场监督管理总局通知要求，立即开展调查分析，并如实向国家市场监督管理总局报告调查分析结果。

（3）召回技术机构负责组织对生产者报送的调查分析结果进行评估，并将评估结果报告国家市场监督管理总局。

（4）存在下列情形之一的，国家市场监督管理总局应当组织开展缺陷调查：

① 生产者未按照通知要求开展调查分析的；

② 经评估生产者的调查分析结果不能证明汽车产品不存在缺陷的；

③ 汽车产品可能存在造成严重后果的缺陷的；

④ 经实验检测，同一批次、型号或者类别的汽车产品可能存在不符合保障人身、财产安全的国家标准、行业标准情形的；

⑤ 其他需要组织开展缺陷调查的情形。

（5）国家市场监督管理总局、受委托的省级质检部门开展缺陷调查，可以行使以下职权：

① 进入生产者、经营者、零部件生产者的生产经营场所进行现场调查；

② 查阅、复制相关资料和记录，收集相关证据；

③ 向有关单位和个人了解汽车产品可能存在缺陷的情况；

④ 其他依法可以采取的措施。

（6）与汽车产品缺陷有关的零部件生产者应当配合缺陷调查，提供调查需要的有关资料。

（7）国家市场监督管理总局、受委托的省级质检部门开展缺陷调查，应当对缺陷调查获得的相关信息、资料、实物、实验检测结果和相关证据等进行分析，形成缺陷调查报告。省级质检部门应当及时将缺陷调查报告报送国家市场监督管理总局。

（8）国家市场监督管理总局可以组织对汽车产品进行风险评估，必要时向社会发布风险预警信息。

（9）国家市场监督管理总局根据缺陷调查报告认为汽车产品存在缺陷的，应当向生产者发出缺陷汽车产品召回通知书，通知生产者实施召回。生产者认为其汽车产品不存在缺陷的，可以自收到缺陷汽车产品召回通知书之日起 15 个工作日内向 国家市场监督管理总局提出书面异议，并提交相关证明材料。生产者在 15 个工作日内提出异议的，国家市场监督管理总局应当组织与生产者无利害关系的专家对生产者提交的证明材料进行论证；必要时国家市场监督管理总局可以组织对汽车产品进行技术检测或者鉴定；生产者申请听证的或者国家市场监督管理总局根据工作需要认为有必要组织听证的，可以组织听证。

（10）生产者既不按照缺陷汽车产品召回通知书要求实施召回，又不在 15 个工作日内向国家市场监督管理总局提出异议的，或者经组织论证、技术检测、鉴定，确认汽车产品存在缺陷的，国家市场监督管理总局应当责令生产者召回缺陷汽车产品。

3. 召回实施与管理

（1）生产者实施召回，应当按照国家市场监督管理总局的规定制订召回计划，并自确认汽车产品存在缺陷之日起 5 个工作日内或者被责令召回之日起 5 个工作日内向国家市场监督管理总局备案；同时以有效方式通报经营者。

生产者制订召回计划，应当内容全面，客观准确，并对其内容的真实性、准确性及召回措施的有效性负责。

生产者应当按照已备案的召回计划实施召回；生产者修改已备案的召回计划，应当重新向国家市场监督管理总局备案，并提交说明材料。

（2）经营者获知汽车产品存在缺陷的，应当立即停止销售、租赁、使用缺陷汽车产品，并协助生产者实施召回。

（3）生产者应当自召回计划备案之日起 5 个工作日内，通过报刊、网站、广播、电视等便于公众知晓的方式发布缺陷汽车产品信息和实施召回的相关信息，30 个工作日内以挂号信等有效方式，告知车主汽车产品存在的缺陷、避免损害发生的应急处置方法和生产者消除缺陷的措施等事项。

生产者应当通过热线电话、网络平台等方式接受公众咨询。

（4）车主应当积极配合生产者实施召回，消除缺陷。

（5）国家市场监督管理总局应当向社会公布已经确认的缺陷汽车产品信息、生产者召回计划以及生产者实施召回的其他相关信息。

（6）生产者应当保存已实施召回的汽车产品召回记录，保存期不得少于 10 年。

（7）生产者应当自召回实施之日起每 3 个月向国家市场监督管理总局提交一次召回阶段性报告。国家市场监督管理总局有特殊要求的，生产者应当按要求提交。

生产者应当在完成召回计划后 15 个工作日内，向国家市场监督管理总局提交召回总结报告。

（8）生产者被责令召回的，应当立即停止生产、销售、进口缺陷汽车产品，并按照本办法的规定实施召回。

（9）生产者完成召回计划后，仍有未召回的缺陷汽车产品的，应当继续实施召回。

（10）对未消除缺陷的汽车产品，生产者和经营者不得销售或者交付使用。

（11）国家市场监督管理总局对生产者召回实施情况进行监督或者委托省级质检部门进行监督，组织与生产者无利害关系的专家对消除缺陷的效果进行评估。

受委托对召回实施情况进行监督的省级质检部门，应当及时将有关情况报告国家市场监督管理总局。

国家市场监督管理总局通过召回实施情况监督和评估发现生产者的召回范围不准确、召回措施无法有效消除缺陷或者未能取得预期效果的，应当要求生产者再次实施召回或者采取其他相应补救措施。

4. 法律责任

（1）生产者违反本办法规定，有下列行为之一的，责令限期改正；逾期未改正的，处以 1 万元以上 3 万元以下罚款：

① 未按规定更新备案信息的；

② 未按规定提交调查分析结果的；

③ 未按规定保存汽车产品召回记录的；

④ 未按规定发布缺陷汽车产品信息和召回信息的。

（2）零部件生产者违反本办法规定不配合缺陷调查的，责令限期改正；逾期未改正的，处以 1 万元以上 3 万元以下罚款。

（3）违反本办法规定，构成《缺陷汽车产品召回管理条例》等有关法律法规规定的违法行为的，依法予以处理。

（4）违反本办法规定，构成犯罪的，依法追究刑事责任。

（5）行政处罚由违法行为发生地具有管辖权的产品质量监督部门和出入境检验检疫机构在职责范围内依法实施；法律、行政法规另有规定的，依照法律、行政法规的规定执行。

四、家用汽车产品修理、更换、退货责任规定

《家用汽车产品修理、更换、退货责任规定》（简称"三包规定"）自 2013 年 10 月 1 日起施行。目前的三包规定主要针对为生活消费需要而购买和使用的乘用车，有些单位为汽车营运、生产经营活动而购买使用的汽车产品，没有纳入规定的调整范围。

国家市场监督管理总局设有中国汽车三包网站（见图 10-4）。

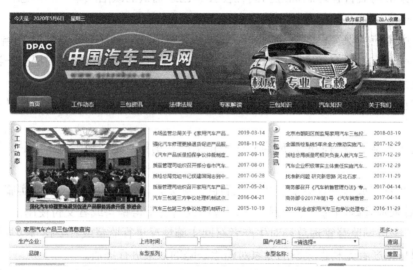

图 10-4 中国汽车三包网站

1. 规定中用语的含义

（1）家用汽车产品指消费者为生活消费需要而购买和使用的乘用车。

（2）乘用车指相关国家标准规定的除专用乘用车之外的乘用车。

（3）生产者指在中华人民共和国境内依法设立的生产家用汽车产品并以其名义颁发产品合格证的单位。从中华人民共和国境外进口家用汽车产品到境内销售的单位视同生产者。

（4）销售者指以自己的名义向消费者直接销售、交付家用汽车产品并收取货款、开具发票的单位或者个人。

（5）修理者指与生产者或销售者订立代理修理合同，依照约定为消费者提供家用汽车产品修理服务的单位或者个人。

（6）经营者包括生产者、销售者、向销售者提供产品的其他销售者、修理者等。

（7）产品质量问题指家用汽车产品出现影响正常使用、无法正常使用或者产品质量与法规、标准、企业明示的质量状况不符合的情况。

（8）严重安全性能故障指家用汽车产品存在危及人身、财产安全的产品质量问题，致使消费者无法安全使用家用汽车产品，包括出现安全装置不能起到应有的保护作用或者存在起火等危险情况。

2. 生产者的义务

（1）生产者应当向国家市场监督管理总局备案生产者基本信息、车型信息、约定的销售和修理网点资料、产品使用说明书、三包凭证、维修保养手册、三包责任争议处理和退换车信息等家用汽车产品三包有关信息，并在信息发生变化时及时更新备案。

（2）家用汽车产品应当具有中文的产品合格证或相关证明以及产品使用说明书、三包凭证、维修保养手册等随车文件。产品使用说明书应当符合消费品使用说明等国家标准规定的要求。家用汽车产品所具有的使用性能、安全性能在相关标准中没有规定的，其性能指标、工作条件、工作环境等要求应当在产品使用说明书中明示。三包凭证应当包括以下内容：产品品牌、型号、车辆类型规格、车辆识别代号（VIN）、生产日期；生产者名称、地址、邮政编码、客服电话；销售者名称、地址、邮政编码、电话等销售网点资料、销售日期；修理者名称、地址、邮政编码、电话等修理网点资料或者相关查询方式；家用汽车产品三包条款、包修期和三包有效期以及按照规定要求应当明示的其他内容。

（3）维修保养手册应当格式规范、内容实用。随车提供工具、配件等物品的，应附有随车物品清单。

3. 销售者的义务

（1）销售者应当建立并执行进货检查验收制度，验明家用汽车产品合格证等相关证明和其他标志。

（2）销售者销售家用汽车产品，应当符合下列要求。

① 向消费者交付合格的家用汽车产品以及发票。

② 按照随车物品清单等随车文件向消费者交付随车工具、配件等物品。

③ 当面查验家用汽车产品的外观、内饰等现场可查验的质量状况。

④ 明示并交付产品使用说明书、三包凭证、维修保养手册等随车文件。

⑤ 明示家用汽车产品三包条款、包修期和三包有效期。

⑥ 明示由生产者约定的修理者名称、地址和联系电话等修理网点资料，但不得限制消费者在上述修理网点中自主选择修理者。

⑦ 在三包凭证上填写有关销售信息。

⑧ 提醒消费者阅读安全注意事项、按产品使用说明书的要求进行使用和维护保养。

⑨ 对于进口家用汽车产品，销售者还应当明示并交付海关出具的货物进口证明和出入境检验检疫机构出具的进口机动车辆检验证明等资料。

4. 修理者的义务

（1）修理者应当建立并执行修理记录存档制度。书面修理记录应当一式两份，一份存档，一份提供给消费者。

（2）修理记录内容应当包括送修时间、行驶里程、送修问题、检查结果、修理项目、更换的零部件名称和编号、材料费、工时和工时费、拖运费、提供备用车的信息或者交通费用补偿金额、交车时间、修理者和消费者签名或盖章等。

（3）修理者应当保持修理所需要的零部件的合理储备，确保修理工作的正常进行，避免因缺少零部件而延误修理时间。用于家用汽车产品修理的零部件应当是生产者提供或者认可的合格零部件，且其质量不低于家用汽车产品生产装配线上的产品。

（4）在家用汽车产品包修期和三包有效期内，家用汽车产品出现产品质量问题或严重安全性能故障而不能安全行驶或者无法行驶的，应当提供电话咨询修理服务；电话咨询服务无法解决的，应当开展现场修理服务，并承担合理的车辆拖运费。

5. 三包责任

（1）家用汽车产品包修期限不低于 3 年或者行驶里程 60000km，以先到者为准；家用汽车产品三包有效期限不低于 2 年或者行驶里程 50000km，以先到者为准。家用汽车产品包修期和三包有效期自销售者开具购车发票之日起计算。

（2）在家用汽车产品包修期内，家用汽车产品出现产品质量问题，消费者凭三包凭证由修理者免费修理（包括工时费和材料费）。

（3）家用汽车产品自销售者开具购车发票之日起 60 日内或者行驶里程 3000km 之内（以先到者为准），发动机、变速器的主要零件出现产品质量问题的，消费者可以选择免费更换发动机、变速器。发动机、变速器的主要零件的种类范围由生产者明示在三包凭证上，其种类范围应当符合国家相关标准或规定，具体要求由国家市场监督管理总局另行规定。

（4）家用汽车产品的易损耗零部件在其质量保证期内出现产品质量问题的，消费者可以选择免费更换易损耗零部件。易损耗零部件的种类范围及其质量保证期由生产者明示在三包凭证上。生产者明示的易损耗零部件的种类范围应当符合国家相关标准或规定，具体要求由国家市场监督管理总局另行规定。

（5）在家用汽车产品包修期内，因产品质量问题每次修理时间（包括等待修理备用件时间）超过 5 日的，应当为消费者提供备用车，或者给予合理的交通费用补偿。

（6）修理时间自消费者与修理者确定修理之时起，至完成修理之时止。一次修理占用时间不足 24h 的，以 1 日计。

（7）在家用汽车产品三包有效期内，符合本规定更换、退货条件的，消费者凭三包凭证、购车发票等由销售者更换、退货。

（8）家用汽车产品自销售者开具购车发票之日起 60 日内或者行驶里程 3000km 之内（以先到者为准），家用汽车产品出现转向系统失效、制动系统失效、车身开裂或燃油泄漏，消费者选择更换家用汽车产品或退货的，销售者应当负责免费更换或退货。

（9）在家用汽车产品三包有效期内，发生下列情况之一，消费者选择更换或退货的，销售者应当负责更换或退货。

① 因严重安全性能故障累计进行了 2 次修理，严重安全性能故障仍未排除或者又出现新的严重安全性能故障的。

② 发动机、变速器累计更换 2 次后，或者发动机、变速器的同一主要零件因其质量问题，累计更换 2 次后，仍不能正常使用的，发动机、变速器与其主要零件更换次数不重复计算。

③ 转向系统、制动系统、悬架系统、前/后桥、车身的同一主要零件因其质量问题，累计更换 2 次后，仍不能正常使用的；转向系统、制动系统、悬架系统、前/后桥、车身的主要零件由生产者明示在三包凭证上，其种类范围应当符合国家相关标准或规定，具体要求由国家市场监督管理总局另行规定。

（10）在家用汽车产品三包有效期内，因产品质量问题修理时间累计超过 35 日的，或者因同一产品质量问题累计修理超过 5 次的，消费者可以凭三包凭证、购车发票，由销售者负责更换。

（11）下列情形所占用的时间不计入前款规定的修理时间。

① 需要根据车辆识别代码（VIN）等定制的防盗系统、全车线束等特殊零部件的运输时间；特殊零部件的种类范围由生产者明示在三包凭证上。

② 外出救援路途所占用的时间。

（12）在家用汽车产品三包有效期内，符合更换条件的，销售者应当及时向消费者更换新的合格的同品牌同型号家用汽车产品；无同品牌同型号家用汽车产品更换的，销售者应当及时向消费者更换不低于原车配置的家用汽车产品。

（13）在家用汽车产品三包有效期内，符合更换条件，销售者无同品牌同型号家用汽车产品，也无不低于原车配置的家用汽车产品向消费者更换的，消费者可以选择退货，销售者应当负责为消费者退货。

（14）按照本规定更换或者退货的，消费者应当支付因使用家用汽车产品所产生的合理使用补偿，销售者依照本规定应当免费更换、退货的除外。

合理使用补偿费用的计算公式为 $[（车价款（元）× 行驶里程（km））/1000] × n$。使用补偿系数 n 由生产者根据家用汽车产品使用时间、使用状况等因素在 0.5%～0.8%确定，并在三包凭证中明示。

家用汽车产品更换或者退货的，发生的税费按照国家有关规定执行。

（15）在家用汽车产品三包有效期内，消费者书面要求更换、退货的，销售者应当自收到消费者书面要求更换、退货之日起 10 个工作日内，作出书面答复。逾期未答复或者未按本规定负责更换、退货的，视为故意拖延或者无正当理由拒绝。

6. 三包责任免除

（1）易损耗零部件超出生产者明示的质量保证期出现产品质量问题的，经营者可以不承担本规定所规定的家用汽车产品三包责任。

（2）在家用汽车产品包修期和三包有效期内，存在下列情形之一的，经营者对所涉及产品质量问题，可以不承担本规定所规定的三包责任。

① 消费者所购家用汽车产品已被书面告知存在瑕疵的。

② 家用汽车产品用于出租或者其他营运目的的。

③ 使用说明书中明示不得改装、调整、拆卸，但消费者自行改装、调整、拆卸而造成损坏的。

④ 发生产品质量问题，消费者自行处置不当而造成损坏的。

⑤ 因消费者未按照使用说明书要求正确使用、维护、修理产品，而造成损坏的。

⑥ 因不可抗力造成损坏的。

（3）在家用汽车产品包修期和三包有效期内，无有效发票和三包凭证的，经营者可以不承担本规定所规定的三包责任。

7. 争议的处理

（1）家用汽车产品三包责任发生争议的，消费者可以与经营者协商解决；可以依法向各级消费者权益保护组织等第三方社会中介机构请求调解解决；可以依法向质量技术监督部门等有关行政部门申诉进行处理。家用汽车产品三包责任争议双方不愿通过协商、调解解决或者协商、调解无法达成一致的，可以根据协议申请仲裁，也可以依法向人民法院起诉。

（2）省级以上质量技术监督部门可以组织建立家用汽车产品三包责任争议处理技术咨询人员库，为争议处理提供技术咨询；经争议双方同意，可以选择技术咨询人员参与争议处理，技术咨询人员咨询费用由双方协商解决。

（3）质量技术监督部门处理家用汽车产品三包责任争议，按照产品质量申诉处理有关规定执行。

五、汽车维修业开业条件

（一）汽车维修企业类型

《汽车维修业开业条件》（GB/T 16739—2014）将汽车维修企业分为两部分：汽车整车维修企业、汽车综合小修及专项维修业户。

汽车整车维修企业是指有能力对所维修车型的整车、各个总成及主要零部件进行各级维护、修理及更换，使汽车的技术状况和运行性能完全（或接近完全）恢复到原车的技术要求，并符合相应的国家标准和行业标准规定的汽车维修企业。汽车整车维修企业按规模大小分为一类汽车整车维修企业和二类汽车整车维修企业。

汽车综合小修业户是从事汽车故障诊断和通过修理或更换个别零件，消除车辆在运行过程或维护过程中发生或发现的故障或隐患，恢复汽车工作能力的维修业户（三类）。

汽车专项维修业户是从事汽车发动机维修、车身维修、电气系统维修、自动变速器维修、轮胎动平衡及修补、四轮定位检测调整、汽车润滑与养护、喷油泵和喷油器维修、曲轴修磨、气缸镗磨、散热器维修、空调维修、汽车美容装潢、汽车玻璃安装及修复等专项维修作业的业户（三类）。

《汽车维修业开业条件》对汽车维修业开业的人员条件、组织管理条件、安全生产条件、环境保护条件、设施条件和设备条件进行了规定。

（二）人员条件

1. 汽车整车维修企业开业人员条件

（1）应具有维修企业负责人、维修技术负责人、维修质量检验员、维修业务员、维修价格结算员、机修人员、电器维修人员、钣金（车身修复）人员和涂漆（车身涂装）人员。

（2）维修质量检验员数量应与其经营规模相适应，至少应配备 2 名维修质量检验员。

（3）机修人员、电器维修人员、钣金人员和涂漆人员，一类企业至少应各配备 2 人，二类企业应至少各配备 1 人。

（4）其他岗位从业人员，一类企业应至少各配备 1 人，不能兼职。二类企业允许一人二岗，可兼任一职。

2. 汽车综合小修及专项维修业户开业人员条件

从事综合小修或专项维修关键岗位的从业人员数量应满足生产的需要，其中，维修企业负责人、维修技术负责人、维修业务员和维修价格结算员允许兼职。

（三）组织管理条件

1. 汽车整车维修企业组织管理条件

（1）基本要求。

① 应建立健全组织管理机构，设置经营、技术、业务、质量、配件、检验、档案、设备、生产和安全环保等管理部门并落实责任人。

② 应建立完善的质量管理体系。

③ 应有现行有效的并与汽车维修有关的法律、法规、规章和标准等文件资料。

（2）经营管理。

① 应具有规范的业务工作流程，公开业务受理程序、服务承诺和用户投诉受理程序等，并明示经营许可证、标志牌、配件价格、工时定额和价格标准等。

② 应建立并执行价格备案及公示、汽车维修合同、汽车维修费用结算清单、汽车维修记录、统计信息报送和安全生产管理等制度。

③ 维修过程、配件管理、费用结算和维修档案等应实现电子化管理。

（3）质量管理。

① 应建立并执行汽车维修质量承诺、进出厂登记、检验、竣工出厂合格证管理、汽车维修档案管理、标准和计量管理、设备管理、配件管理、文件资料有效控制和人员培训等制度。

② 汽车维修档案应包括维修合同，进厂、过程、竣工检验记录，竣工出厂合格证存根，维修结算清单，材料清单等。

③ 配件管理制度应规定配件采购、检查验收、库房管理、信息追溯、配件登记及台账、索赔等要求。

④ 应具有所维修车型的维修技术资料及工艺文件，确保完整有效并及时更新。

2. 汽车综合小修及专项维修业户组织管理条件

（1）应具有相关的法规、标准、规章等文件以及相关的维修技术资料和工艺文件等，并确保完整有效、及时更新。

（2）应具有规范的业务工作流程，公开业务受理程序、服务承诺、用户投诉受理程序等，并明示各类证、照、作业项目及计费工时定额等。

（四）安全生产条件

1. 汽车整车维修企业安全生产条件

（1）应建立并实施与其维修作业内容相适应的安全管理制度和安全保护措施。

（2）应制订各类机电设备的安全操作规程，并明示在相应的工位或设备处。

（3）使用与存储有毒、易燃、易爆物品和粉尘、腐蚀剂、污染物、压力容器等，均应具备相应的安全防护措施和设施。安全防护设施应有明显的警示、禁令标志。

（4）生产厂房和停车场应符合安全生产、消防等各项要求，安全、消防设施的设置地点应明示管理要求和操作规程。

（5）应具有安全生产事故的应急预案。

2. 汽车综合小修及专项维修业户安全生产条件

应设配备安全生产管理人员，熟知国家安全生产法律法规，并具有汽车维修安全生产作业知识和安全生产管理能力。应有所需工种和所配机电设备的安全操作规程，并将安全操作规程明示在相应的工位或设备处。

（五）环境保护条件

1. 汽车整车维修企业环境保护条件

（1）应具有废油、废液、废气、废水（以下简称"四废"）、废蓄电池、废轮胎、含石棉废料及有害垃圾等物质集中收集、有效处理和保持环境整洁的环境保护管理制度，并有效执行。有害物质存储区域应界定清楚，必要时应有隔离、控制措施。

（2）作业环境以及按生产工艺配置的处理"四废"及采光、通风、吸尘、净化、消声等设施，均应符合环境保护的有关规定。

（3）涂漆车间应设有专用的废水排放及处理设施，采用干打磨工艺的，应有粉尘收集装置和除尘设备，并应设有通风设备。

（4）调试车间或调试工位应设置汽车尾气收集净化装置。

2. 汽车综合小修及专项维修业户环境保护条件

使用与存储有毒、易燃、易爆物品和粉尘、腐蚀剂、污染物、压力容器等均应具备相应的安全防护措施和设施。作业环境以及按生产工艺配置的处理"四废"及采光、通风、吸尘、净化、消声等设施，均应符合环境保护的有关规定。

（六）设施条件

1. 汽车整车维修企业设施条件

（1）接待室（含客户休息室）

① 应设有接待室。一类企业的接待室面积不应小于 $80m^2$，二类企业的接待室面积不应小于 $20m^2$。

② 接待室应整洁明亮，明示各类证、照、主修车型、作业项目、工时定额及单价等，并应有供客户休息的设施。

（2）停车场

① 应有与承修车型、经营规模相适应的合法停车场地，并保证车辆行驶通畅。一类企业的停车场面积不小于 $200m^2$，二类企业的停车场面积不小于 $150m^2$。不得占用公共用地。

② 租赁的停车场地应具有合法的书面合同书，租赁期限不得少于 1 年。

③ 停车场地面应平整坚实，区域界定标志明显。

（3）生产厂房及场地

① 生产厂房面积应能满足设备的工位布置、生产工艺和正常作业，并与其经营业务相适应。一类企业的生产厂房面积不小于 $800m^2$，二类企业的生产厂房面积不小于 $200m^2$。

② 生产厂房内应设有总成维修间。一类企业总成维修间面积不小于 $30m^2$，二类企业总成维修间面积不小于 $20m^2$，并设置总成维修所需的工作台、拆装工具、计量器具等。

③ 生产厂房内应设有预检工位，预检工位应有相应的故障诊断、检测设备。

④ 租赁的生产厂房应具有合法的书面合同书，租赁期限不得少于 1 年。

⑤ 生产厂房地面应平整坚实。

⑥ 从事燃气汽车维修的企业，应有专用维修厂房，厂房应为永久性建筑，不得使用易燃建筑材料，面积应与生产规模相适应。厂房内通风良好，不得堆放可能危及安全的物品。厂房周围 5m 内不得有任何可能危及安全的设施。

⑦ 从事燃气汽车维修的企业，还应设有密封性检查、卸压操作的专用场地，可以设在室外。应远离火源，应明示防明火、防静电的标志。

2. 汽车综合小修及专项维修业户设施条件

（1）停车场面积应不小于 $30m^2$。停车场地界定标志明显，不得占用道路和公共场所进行作业和停车，地面应平整坚实。

（2）生产厂房的面积、结构及设施应满足综合小修或专项维修作业设备的工位布置、生产工艺和正常作业要求。不同的汽车综合小修及专项维修业户有不同的要求，例如：汽车综合小修要求生产厂房面积应不小于 $100m^2$，车身维修生产厂房面积应不小于 $120m^2$。

（3）租赁的生产厂房、停车场地应具有合法的书面合同书，并应符合安全生产、消防等各项要求。租赁期限不得少于 1 年。

（4）对于接待室不同的汽车综合小修及专项维修业户有不同的要求，例如：汽车综合小修要求应设有接待室，其面积应不小于 $10m^2$，整洁明亮，并有供客户休息的设施。车身维修接待室，其面积应不小于 $20m^2$，应设有整洁明亮，并有供客户休息的设施。

（七）设备条件

1. 汽车整车维修企业设备条件

应按要求配备仪表工具、专用设备、检测设备和通用设备，其规格和数量应与其生产规模和生产工艺相适应。仪表工具包括万用表、气缸压力表、燃油压力表、真空表、空调检漏设备、轮胎压力表、千分尺等，专用设备包括废油收集设备、齿轮油加注设备、液压油加注设备、制动液更换加注器、脂类加注器、轮胎轮辋拆装设备、车轮动平衡机、四轮定位仪、汽车空调制冷剂回收净化加注设备、汽车举升设备、汽车故障诊断仪、总成吊装设备或变速器等总成举升设备、车身清洗设备、车身整形设备、打磨抛光设备等。检测设备包括尾气分析仪或不透光烟度计、汽车前照灯检测设备、侧滑试验台、制动性能检验设备。通用设备包括计算机、砂轮机、台钻（含台钳）、气体保护焊设备、压床、空气压缩机等。

各种设备应能满足加工、检测精度的要求和使用要求，并应符合相关国家标准和行业标准的要求。计量器具、检测设备应按规定检定合格。汽车举升机、喷烤漆房及设备等涉及安全的产品应通过交通产品认证。

有些设备没有，可以外协，例如：车身校正设备、悬架试验台、调漆设备均允许外协。允许外协的设备，应具有合法的合同书，并能证明其技术状况符合相关要求。

2. 汽车综合小修及专项维修业户设备条件

设备配置应与其生产作业规模及生产工艺相适应，其技术状况应完好，符合相应的产品技术条件等国家标准或行业标准的要求，并能满足加工、检测精度的要求和使用要求。检测设备及计量器具应按规定检定合格。

设备条件不同的汽车综合小修及专项维修业户有不同的要求，例如：汽车综合小修主要设备应包括：压床；空气压缩机；汽车故障诊断仪；温、湿度计；万用表；气缸压力表；真空表；燃油压力表；尾气分析仪或不透光烟度计；轮胎漏气试验设备；轮胎气压表；千斤顶；轮胎轮辋拆装、除锈设备或专用工具；车轮动平衡机；汽车空调制冷剂回收净化加注设备；空调专用检测设备；不解体油路清洗设备；举升设备或地沟；废油收集设备；齿轮油加注设备；液压油加注设备；制动液更换加注器；脂类加注器；汽车前照灯检测设备（可用手动灯光仪或投影板检测）；制动减速度等制动性能检验设备。轮胎动平衡及修补主要设备应包括：空气压缩机；轮胎漏气试验设备；轮胎气压表；千斤顶；轮胎螺母拆装机或专用拆装工具；轮胎轮辋拆装、除锈设备或专用工具；轮胎修补设备；车轮动平衡机。

六、中华人民共和国消费者权益保护法

《中华人民共和国消费者权益保护法》是维护全体公民消费权益的法律规范的总称，是为了保护消费者的合法权益，维护社会经济秩序，促进社会主义市场经济健康发展而制定的法律。该法分总则、消费者的权利、经营者的义务、国家对消费者合法权益的保护、消费者组织、争议的解决、法律责任、附则，共 8 章 63 条。

《中华人民共和国消费者权益保护法》中涉及汽车维修的主要内容如下。

（1）经营者为消费者提供其生产、销售的商品或者提供服务，应当遵守本法；经营者与

消费者进行交易，应当遵循自愿、平等、公平、诚实信用的原则。保护消费者的合法权益是全社会的共同责任。

（2）消费者在购买、使用商品和接受服务时享有人身、财产安全不受损害的权利。消费者有权要求经营者提供的商品和服务，符合保障人身、财产安全的要求。

（3）消费者享有知悉其购买、使用的商品或者接受的服务的真实情况的权利。

消费者有权根据商品或者服务的不同情况，要求经营者提供商品的价格、产地、生产者、用途、性能、规格、等级、主要成分、生产日期、有效期限、检验合格证明、使用方法说明书、售后服务，或者服务的内容、规格、费用等有关情况。

（4）消费者享有自主选择商品或者服务的权利。

消费者有权自主选择提供商品或者服务的经营者，自主选择商品品种或者服务方式，自主决定购买或者不购买任何一种商品、接受或者不接受任何一项服务。消费者在自主选择商品或者服务时，有权进行比较、鉴别和挑选。

（5）消费者享有公平交易的权利。

消费者在购买商品或者接受服务时，有权获得质量保障、价格合理、计量正确等公平交易条件，有权拒绝经营者的强制交易行为。

（6）消费者因购买、使用商品或者接受服务受到人身、财产损害的，享有依法获得赔偿的权利。

（7）经营者和消费者有约定的，应当按照约定履行义务，但双方的约定不得违背法律、法规的规定。

经营者向消费者提供商品或者服务，应当恪守社会公德，诚信经营，保障消费者的合法权益；不得设定不公平、不合理的交易条件，不得强制交易。

（8）经营者发现其提供的商品或者服务存在缺陷，有危及人身、财产安全危险的，应当立即向有关行政部门报告和告知消费者，并采取停止销售、警示、召回、无害化处理、销毁、停止生产或者服务等措施。采取召回措施的，经营者应当承担消费者因商品被召回支出的必要费用。

（9）经营者向消费者提供有关商品或者服务的质量、性能、用途、有效期限等信息，应当真实、全面，不得进行虚假或者引人误解的宣传。

经营者对消费者就其提供的商品或者服务的质量和使用方法等问题提出的询问，应当给出真实、明确的答复。经营者提供商品或者服务应当明码标价。

（10）经营者应当保证在正常使用商品或者接受服务的情况下其提供的商品或者服务应当具有的质量、性能、用途和有效期限；但消费者在购买该商品或者接受该服务前已经知道其存在瑕疵，且存在该瑕疵不违反法律强制性规定的除外。

经营者以广告、产品说明、实物样品或者其他方式表明商品或者服务的质量状况的，应当保证其提供的商品或者服务的实际质量与表明的质量状况相符。

经营者提供的机动车、计算机、电视机、电冰箱、空调器、洗衣机等耐用商品或者装饰装修等服务，消费者自接受商品或者服务之日起六个月内发现瑕疵，发生争议的，由经营者承担有关瑕疵的举证责任。

（11）经营者提供的商品或者服务不符合质量要求的，消费者可以依照国家规定、当事人约定退货，或者要求经营者履行更换、修理等义务。没有国家规定和当事人约定的，消费者可以自收到商品之日起七日内退货；七日后符合法定解除合同条件的，消费者可以及时退货，不符合法定解除合同条件的，可以要求经营者履行更换、修理等义务。

（12）经营者提供商品或者服务有下列情形之一的，除本法另有规定外，应当依照其他有关法律、法规的规定，承担民事责任：

① 商品或者服务存在缺陷的；

② 不具备商品应当具备的使用性能而出售时未作说明的；

③ 不符合在商品或者其包装上注明采用的商品标准的；

④ 不符合商品说明、实物样品等方式表明的质量状况的；

⑤ 生产国家明令淘汰的商品或者销售失效、变质的商品的；

⑥ 销售的商品数量不足的；

⑦ 服务的内容和费用违反约定的；

⑧ 对消费者提出的修理、重作、更换、退货、补足商品数量、退还货款和服务费用或者赔偿损失的要求，故意拖延或者无理拒绝的；

⑨ 法律、法规规定的其他损害消费者权益的情形。经营者对消费者未尽到安全保障义务，造成消费者损害的，应当承担侵权责任。

思考与练习

会检索使用有效的汽车维修行业管理规定，并能利用相关条款进行案例分析。

知识拓展

一、个别 4S 店故意虚报和夸大车辆故障

个别 4S 店存在故意虚报和夸大车辆故障，从中牟利的情况。一个简单的故障——车辆抖动（点火线圈插头松动），只要接好就行，在个别 4S 店维修时，却要更换各种零部件，有的 4S 店甚至报价近万元。

记者决定对 4S 店的售后服务进行调查。在确定发动机没有任何故障后拔下发动机点火线圈的插头，发动机开始抖动。这时接上插头，车辆抖动随之消失。

在两家某品牌 4S 店，记者分别用售价 10 万元左右的轿车和售价 15 万元左右的 SUV 先后体验两次，不但都被要求更换火花塞，还被要求清洗节气门以及喷油嘴，两次维修费用分别为 1164 元和 1098 元。

接下来记者将一辆同样断开点火线圈插头的车辆，开进了另一家专营店，这里给出的建议更为离谱，一个只需接上插头就能解决的简单故障，这家店维修报价居然高达 6000 元。

记者将一辆售价在 20 万元左右的 1.8T 轿车设置好同样故障开进了一家 4S 店，这里工作人员给出的建议是更换火花塞，清洗进气道和喷油嘴，费用总计 1424 元，三个项目缺一不可。

接下来记者又找来了一辆售价在 65 万元左右的高级轿车，依然将故障设置为点火线圈插头松动，在某 4S 店，服务顾问给出的维修建议是更换火花塞。

在某 4S 店，面对售价在 140 万元左右的某品牌高级轿车，服务顾问不仅要求记者花费近 7000 元接受清洗喷油嘴、进气管路，更换火花塞、密封垫、密封圈等一系列维修项目，甚至还建议记者更换汽油滤芯，维修费用需要上万元。

这次体验调查，记者设置相同的简单故障，在北京、天津、河北、河南、安徽、上海、浙江等七个省市先后 22 次对三个品牌的 4S 店售后维修进行体验调查，遭遇小病大修的次数高达 46 次，比例占到 73%。

以上维修企业的做法显然违反了《机动车维修管理规定》，属于：

（1）机动车维修经营者只收费不维修或者虚列维修作业项目的；

（2）机动车维修经营者超出公布的结算工时定额、结算工时单价向托修方收费的。

这些行为由县级以上道路运输管理机构责令其限期整改；限期整改不合格的，予以通报。

二、注意识别利用更改车辆识别代码进行违法犯罪的"黑车"

某汽车修理厂负责人通过涂改车辆识别代码的方式将报废的"黑车"伪装成在用车，伪造翻车起火燃烧的假象，进行骗保诈骗被识破，被公安机关逮捕法办。

这家修理厂的负责人违反了《道路运输从业人员管理规定》从业人员"不得擅自改装机动车，不得承修已报废的机动车，不得利用配件拼装机动车"的规定。

在维修时从业人员还要注意鉴别盗抢车，发现问题应立即向公安机关报案。更改车辆识别代码进行违法犯罪的"黑车"有如下特点。

（1）由于制造厂铭牌识别编号与车辆底盘识别编号两者相同，所以犯罪分子在改动车辆底盘识别编号的同时，也要将车辆制造厂铭牌标志揭掉，因此被改动或锉掉了识别编号的机动车辆多无制造厂铭牌标志，而仅剩下发动机编号。

（2）更改好的识别编号在字体、位数、笔画、粗细凹陷度、间距、倾斜角度上均会有差异。

（3）改动部位无防锈底漆，其油漆表面光亮度、质感和颜色也有差异。

（4）由于承受壳体原有编号部位被损坏，所以被打磨加工的部位表面粗糙，擦划痕迹杂乱。

（5）若将车辆识别编号用细砂纸磨光，借助不同角度的光线可以观察到被打磨掉的原号码。

（6）对打磨较严重的车辆，可采用化学腐蚀法来显现被打磨掉的号码。

三、汽车召回制度

汽车召回制度，就是对投放市场的汽车，发现其设计或制造方面存在缺陷，不符合有关法规、标准，有可能导致安全及环保问题，厂家必须及时向国家有关部门报告该产品存在问题、造成问题的原因、改善措施等，提出召回申请，经批准后对在用车辆进行改造，以消除事故隐患。厂家还有义务让消费者及时了解有关情况。汽车召回制度对于维护消费者的合法权益具有重要意义。

汽车召回制度始于 20 世纪 60 年代的美国，美国的律师拉尔夫发起运动，呼吁国会建立汽车安全法规。他努力的结果，就是 1966 年美国《国家交通及机动车安全法》的出台。该法律规定，汽车制造商有义务公开发表汽车召回的信息，且必须将情况通报给消费者和交通管理部门，对有缺陷的汽车进行免费修理。1969 年 5 月，美国媒体抨击欧洲和日本汽车制造商私自召回缺陷车进行修理，特别指出蓝鸟漏油和丰田可乐娜制动故障问题。1969 年 6 月 1 日，日本《朝日新闻》报道这个消息后，在日本引起轩然大波。同年 8 月，日本修改了《机动车形式制定规则》，增加了"汽车制造商应承担在召回有缺陷车时公之于众的义务"的内容。

在中国，《缺陷汽车产品召回管理规定》于 2004 年 3 月 15 日正式发布，2004 年 10 月 1 日起开始实施。这是中国以缺陷汽车产品为试点首次实施召回制度。

2004 年 6 月 17 日，一汽轿车股份有限公司主动向国家质量监督检验检疫总局递交召回申请，决定 6 月 18 日开始与日本马自达汽车公司同步召回于 2002 年 12 月 26 日至 2004 年 3 月 25 日期间生产的 Mazda 6 轿车，进行燃油箱隔热件加装。此番事件使一汽轿车股份有限公司成为中国汽车召回制度的第一个"吃螃蟹者"，同时更成为尊重中国消费者的先行者！

汽车召回制度保障了消费者的权益，那对汽车生产商有什么影响呢？以丰田汽车公司为例，2010 年初，丰田对于制动系统和脚垫的问题，在全球召回 800 多万辆汽车，而由于加速踏板相关问题在中国只召回了 7.5 万辆 RAV4，引起中国消费者的不满。丰田汽车公司于 3 月 1 日向中国消费者道歉，2010 年 3 月 30 日，丰田汽车在日本召开"全球质量特别委员会"首次会议，决定在中国成立"中国质量特别委员会"，并且对外宣布，将为中国上市的新型丰田汽车安装制动优先系统（BOS），并尽量在 2010 年底前对所有上市车辆安装此系统。

丰田召回事件使丰田陷入了前所未有的信任危机甚至是生存危机，影响了新车的销量，在美国销量同比下降 16%，自爆发"踏板门"事件后，丰田股价跌幅达到 22%，市值蒸发 400 亿美元，国际信用评级机构也在考虑调低对丰田的评级。

但是丰田并没有被击垮。丰田汽车的质量和生产流程仍然是汽车业被羡慕的对象，并且仍然是世界上最富有的汽车制造商。面临尴尬和羞愧境地的丰田下令改善质量，走出了低谷。2019 年丰田汽车全球销量，累计售出 1074.21 万辆汽车，同比上年增涨 1.4%，连续 4 年实现销量增长。丰田汽车 2019 年在中国市场新车销量达到了 162 万辆，在车市遇冷的情况下实现销量同比增长 9%的业绩，这也成为了丰田品牌在中国市场取得的历史最佳表现。

四、召回公告示例

梅赛德斯-奔驰（中国）汽车销售有限公司召回部分进口 G 级汽车公告见表 10-2。

表 10-2　　梅赛德斯-奔驰（中国）汽车销售有限公司召回部分进口 G 级汽车公告

生产者名称			梅赛德斯-奔驰（中国）汽车销售有限公司			
召回实施时间			2020-04-24 至 2021-04-24			
召回车辆总数量			1656 辆			
车型系列	车型名称	年款	召回数量	生产日期范围	VIN 范围	
G 级	G 500（463260YC6AH）	2019	962	起：2018-05-25	起：WDCYC6AH8KX297590	
				止：2018-11-23	止：WDCYC6AH9KX309827	
G 级	G 63 AMG（463276YC7GH）	2019	694	起：2018-06-01	起：WDCYC7GH6KX298332	
				止：2018-11-20	止：WDCYC7GHXKX309705	
缺陷描述			由于车身和车门之间的个别线束布线不合理，可能导致线束在车门开关时造成损坏			

续表

生产者名称	梅赛德斯-奔驰（中国）汽车销售有限公司
可能造成的后果	由于前门线束的布线可能不合理，在车门开关时，线束在移动过程中可能造成损坏。潜在的安全后果取决于受影响的线束，例如可能会影响侧面碰撞约束系统的性能、碰撞时车门的自动解锁、紧急呼叫时的车辆位置、门锁中的车门接触开关相关功能、后视镜功能（转向指示灯、盲点监控、后视镜调节和加热）等，会增加车辆发生碰撞和人员受伤的风险，存在安全隐患
召回维修措施	为受影响车辆的前门线束进行重新布线，如果线束已经损坏则进行更换
应急处置方法	无
生产车辆改进措施	车辆的布线进行了变更，保证从 2018 年 12 月 11 日起不再发生
投诉索赔情况	缺陷报告案例或投诉数量：0；保修或索赔案件： 45
事故及人员伤亡情况	无
车主通知方式	通知车主时间：2020-04-24 至 2020-06-05；通知车主方式：信函；服务热线（座机拨打）：4008181188；服务热线（手机拨打）：4008181188
其他信息	消费者也可登录国家市场监督管理总局网站和中国产品安全与召回信息网站，了解更多信息，反映缺陷线索

缺陷线索报告全称为消费者关于产品可能存在缺陷的报告，消费者提交的缺陷线索报告，将作为综合判断产品是否存在缺陷的重要信息来源，对维护消费者及社会公众的人身、财产安全发挥重要作用。因此，国家市场监督管理总局缺陷产品管理中心设有通过缺陷线索报告收集缺陷产品信息，开展缺陷产品分析，确定是否召回。

例如：针对美国迈凯伦汽车召回，国家市场监督管理总局缺陷产品管理中心发布信息如下：

美国迈凯伦汽车召回

召回发布日期：2020/4/23

召回发布国家或地区：美国

制造商：迈凯伦汽车公司

车型：570GT，720S，GT，SENNA

召回数量：2763

缺陷及后果：迈凯伦汽车公司（McLaren）召回部分 2016—2020 年款 720S，2019 年款 SENNA，2020 年款 GT 和 2017—2019 年款 570GT 汽车。燃料箱下方的噪声、振动和粗糙度（NVH）泡沫垫可能会保留水分并腐蚀燃料箱，这可能会导致燃料泄漏。存在点火源时，出现燃料泄漏会增加发生火灾的风险。

国家市场监督管理总局缺陷产品管理中心提示：如果您发现您的产品出现类似问题，可以访问本网站"缺陷信息报告"栏目提交详细信息，或者拨打 010-59799616 进行咨询。

（转自《国家市场监督管理总局缺陷产品管理中心》）

五、三包责任判定

三包责任判定应根据《家用汽车产品修理、更换、退货责任规定》执行，下面以两起三包责任为例说明。

案例1：车辆火灾的三包责任判定

【案情简介】

山东省某消费者在2018年5月购买的新车，行驶里程不到500km。此车辆在一家汽车美容店贴膜的时候，驾驶员侧座椅与中央手扶箱相邻的位置发生了局部着火的现象，因为发现的及时，在场人员将火势控制后最终将其扑灭。经过相关检查和确认后，经销商与厂家工作人员认为火灾不是质量问题所引起的，根据车辆内饰损伤程度，消费者要承担几万元的维修费用。消费者和汽车美容店老板则认为火灾是由质量问题引发的，应由经销商和厂家来承担这笔维修费用。

【相关规定】

《家用汽车产品修理、更换、退货责任规定》第十八条规定：在家用汽车产品包修期内，家用汽车产品出现产品质量问题，消费者凭三包凭证由修理者免费修理（包括工时费和材料费）。

【处理意见】

经过在现场对车辆情况的核实，发现被烧蚀的物品都是座椅和中央手扶箱一些纺织、塑料、仿桃木材质的零件，火势影响范围较小，周围电气线束经过检查后没有发现磨损、短路、烧蚀的痕迹，但在被烧蚀过的座椅导轨位置上（后经进一步勘查，为起火点），发现了一个已经烧焦变形的打火机，经过专家判定，为本次火灾的火源。根据以上检查基本可以判定，本次火灾不是由质量问题导致的，因此未达到包修的条件。

案例2：严重安全性能故障的判定——制动系统失效

【案情简介】

河北省某消费者2018年4月购买的车辆，在行驶里程不足1000km、购买时间不到一个月的时候，停车状态下出现了无法解除驻车制动的问题。消费者对此车辆的制动问题表示不满并认为其属于制动失效，要求经销商给予免费退车的处理。经销商认为此情况不符合退车条件从而拒绝了消费者的退车要求。

【相关规定】

《家用汽车产品修理、更换、退货责任规定》第二十条规定：家用汽车产品自销售者开具购车发票之日起60日内或者行驶里程3000km之内（以先到者为准），家用汽车产品出现转向系统失效、制动系统失效、车身开裂或燃油泄漏，消费者选择更换家用汽车产品或退货的，销售者应当负责免费更换或退货。

《家用汽车产品修理、更换、退货责任规定》释义中对第二十条中"制动系统失效"的解释为：制动系统失效是指汽车行驶时，因质量原因致使制动系统不能按照驾驶员的要求进行减速等现象。

【处理意见】

本争议中涉及车辆的驻车制动无法解除现象是在车辆停车状态中发生的，不具备车辆在行驶状态且不能按照驾驶员要求进行减速的判定条件，所以根据汽车三包规定及其释义的相关要求和说明，此车辆出现的故障不属于汽车三包规定第二十条中的制动系统失效，不满足汽车三包规定中的退车条件。

（转自《中国汽车三包网》）

六、汽车维修企业维修项目及设备选择

案例 1：自动变速器维修

现在，越来越多的汽车上安装自动变速器，自动变速器维修逐渐成为一个热门行业。《汽车维修业开业条件》（GB/T 16739—2014）中规定的自动变速器维修人员条件中，维修质量检验员应不少于 1 名，自动变速器专业主修人员应不少于 2 名。设施条件规定：应设有接待室，其面积应不小于 20m²，整洁明亮，并有供客户休息的设施。生产厂房面积不小于 200m²，主要设备应包括：自动变速器翻转设备；自动变速器拆解设备；变矩器维修设备；变矩器切割设备；变矩器焊接设备；变矩器检测（漏）设备；零件清洗设备；电控变速器测试仪；油路总成测试机；液压油压力表；自动变速器总成测试机；自动变速器专用测量器具；空气压缩机；万用表；废油收集设备。

自动变速器的维修可以借鉴以下模式：维修车间装备自动变速器综合性能试验台，将自动变速器安装上，前端接通动力，后端接通模拟负载，同时接通电路和油路，通过测试油压和读取数据流来诊断故障。

案例 2：轮胎动平衡及修补+四轮定位检测调整店

（1）《汽车维修业开业条件》（GB/T 16739—2014）中规定轮胎动平衡及修补人员条件：至少有 1 名经过专业培训的轮胎维修人员。设施条件：生产厂房面积应不小于 15m²。主要设备应包括：空气压缩机；轮胎漏气试验设备；轮胎气压表；千斤顶；轮胎螺母拆装机或专用拆装工具；轮胎轮辋拆装、除锈设备或专用工具；轮胎修补设备；车轮动平衡机。

开一个轮胎动平衡及修补店除了千斤顶、轮胎扳手和轮胎气压表等必备工具（这些设备价格都比较低），还需要一台性能优良的空气压缩机，价格为 700～1200 元。维修大型车辆的轮胎维修店，应配备一支轮胎螺母专用拆装工具（气动扳手），大约 2000 元。维修小型车辆的轮胎维修店，要配备轮胎轮辋拆装机和动平衡机，二者国产和进口的价格相差很大，目前国产设备就可胜任轮胎维修工作，轮胎轮辋拆装机和动平衡机的价格大都在 4000～7000 元。以上是建一个轮胎维修店所需的最基本设备，所需要的费用是 1 万～2 万元。

（2）《汽车维修业开业条件》（GB/T 16739—2014）中规定四轮定位检测调整人员条件：至少有 1 名经过专业培训的汽车维修人员。设施条件：生产厂房面积应不小于 40m²。主要设备应包括：举升设备；四轮定位仪；空气压缩机；轮胎气压表。

开一个四轮定位检测调整店，空气压缩机和轮胎气压表是轮胎动平衡及修补店所需要的。还需要一台计算机式四轮定位仪，价格在 5 万～10 万元，可根据经济实力选择。进行四轮定位四柱举升机是必备设备，而且必须具备二次举升功能，以便于定位时的操作，它的价格约为 2 万元。这样开一个四轮定位检测调整店的设备需要 7 万～12 万元。

（3）轮胎动平衡及修补+四轮定位检测调整店

单独的四轮定位检测调整店不进行轮胎动平衡及修补，业务范围将受很大的影响，或者单独的轮胎动平衡及修补不进行四轮定位检测调整店，业务范围也将受很大的影响。

可以将两个店结合起来，一个功能齐全的轮胎动平衡及修补+四轮定位检测调整店便初具规模了，所需要的费用是 8 万～14 万元。

七、汽车维修企业的组织管理、安全生产、环境保护和设施条件

这里选取了一些体现汽车维修企业的组织管理、安全生产、环境保护和设施条件的图片，

供大家参考。

1. 建立完善的质量管理体系

可以结合企业经营理念，将经营理念和质量管理体系上墙（见图10-5～图10-7）。

图 10-5　经营理念、经营工作方针、管理内容

图 10-6　经营理念上墙

图 10-7　经营理念看板

2. 公开业务受理程序、服务承诺和客户投诉受理程序

将业务受理程序、服务承诺和客户投诉受理程序制成看板上墙（见图10-8），营业时间明示（见图 10-9）。给预约的客户准备好预约工位（见图 10-10）。

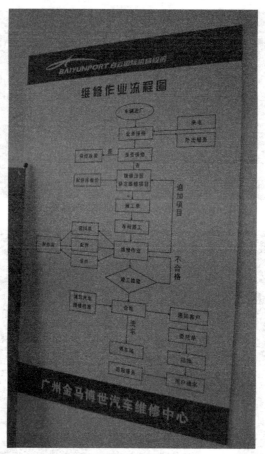

图 10-8　维修作业流程图看板

图 10-9　明示营业时间

图 10-10　预约工位

3. 明示配件价格、工时定额和价格标准

将配件价格、工时定额和价格标准制成看板上墙（见图 10-11）。

图 10-11　价格标准看板

4. 建立并执行汽车维修质量承诺

汽车配件质量承诺、保修期质量承诺等均可制成看板上墙（见图 10-12）。

图 10-12　质量承诺

5. 建立安全制度

建立安全生产管理制度、文明生产管理制度、安全防火管理规定，制定维修工安全操作规程，并明示在相应的工位或设备处（见图10-13和图10-14）。

图 10-13　安全生产管理制度、文明生产管理制度

图 10-14　安全防火管理规定、维修工安全操作规程

6. 安全、消防设施的设置地点应明示管理要求和操作规程

安全、消防设施的设置地点应明示管理要求和操作规程，对一些重要地点仅有看板是不够的，必须让客户和员工一眼就能看到，例如：警示客户不进车间和明示灭火器放置处（见图10-15和图10-16）。

图 10-15　警示客户不进车间

图 10-16　灭火器

7. 接待室应整洁明亮，并应有供客户休息的设施

　　汽车维修企业应设一个整洁明亮的接待室和一个安静舒适的客户休息区（见图 10-17～图 10-19），这不仅符合《汽车维修业开业条件》的规定，而且可以吸引客户、留住客户。有的接待区还另设有客户洽谈区（见图 10-20），也是一个不错的做法。

图 10-17　接待室

图 10-18　客户休息区

图 10-19　配有计算机的客户休息区

图 10-20　客户洽谈区